Morar e viver na cidade
Campinas (1850-1900)
Mobiliário e utensílios domésticos

Morar e viver na cidade
Campinas (1850-1900)
Mobiliário e utensílios domésticos

Eliane Morelli Abrahão

Copyright© 2010 Eliane Morelli Abrahão

Publishers: **Joana Monteleone/ Haroldo Ceravolo Sereza/ Roberto Cosso**
Edição: **Joana Monteleone**
Editor assistente: **Vitor Rodrigo Donofrio Arruda**
Projeto gráfico e diagramação: **Fernanda Pedroni Portijo**
  Patrícia Jatobá U. de Oliveira
Revisão: **Íris Morais Araújo**
Capa: **Patrícia Jatobá U. de Oliveira**

Imagens da capa: Coleção BMC, MIS-Campinas.
  Ângelo Pessoa. *Campinas numa perspectiva histórica*, 2003.
  A Cigarra. São Paulo, n° 442, 08 de dezembro de 1933.
  J. Laurens. *Pilage du café*. Acervo da Fundação da Biblioteca Nacional – Brasil.
  Almanaque de Campinas para o ano de 1873.

CIP-BRASIL. CATALOGAÇÃO-NA-FONTE
SINDICATO NACIONAL DOS EDITORES DE LIVROS, RJ

A139m

Abrahão, Eliane Morelli
  MORAR E VIVER NA CIDADE. CAMPINAS (1850-1900) – mobiliário e utensílios domésticos
  Eliane Morelli Abrahão.
  São Paulo: Alameda, 2010.
  224p.

  Inclui bibliografia
    ISBN 978-85-7939-028-9

  1. Campinas (SP) – História. 2. Cultura material – Aspectos sociais – Campinas (SP) – História. 3. Campinas(SP) – Usos e costumes. I. Título.

10-1850.   CDD: 981.61
        CDU: 94(815.61)

018650

ALAMEDA CASA EDITORIAL
Rua Conselheiro Ramalho, 694, Bela Vista.
CEP: 01325-000 – São Paulo – SP
Tel. (11) 3012-2400
www.alamedaeditorial.com.br

À memória de meu pai, Antonio Morelli. Filho de imigrantes italianos, contava-me a saga de sua família nas lavouras de café e depois, em suas próprias plantações.

Ao professor Héctor Hernán Bruit.

Sumário

Prefácio	9
Introdução	13
Fontes	17
Cultura material: abordagens teóricas e uma forma de pensar a história de Campinas	29
Estudos de cultura material: questões teóricas	31
Cultura material na historiografia brasileira	35
História de Campinas: suas ruas, o comércio e a população	42
A casa nos inventários campineiros: arquitetura mobiliário e utensílios domésticos da segunda metade do século XIX	69
A casa: o conceito de habitar	71
As transformações arquitetônicas ocorridas nas casas europeias e paulistas de finais do século XVIII e início do XIX	76
As casas campineiras a partir da cultura material: modernização e refinamento de seus interiores	94
As famílias da elite campineira no XIX: a sociabilidade a partir dos objetos do cotidiano	135
Práticas europeias: modelos para as famílias campineiras	138
Salas de jantar: cenário da sociabilidade	148

Conclusão	173
Referências bibliográficas e fontes documentais	179
Caderno de imagens	203
Lista de figuras	213
Abreviatura e siglas	219
Agradecimentos	221

Prefácio

A relevância da publicação de um livro pode ser reconhecida sob diferentes ângulos. Dois dos mais importantes, presentes no livro de Eliane Morelli Abrahão, *Morar e viver na cidade. Campinas (1850-1900). Mobiliário e utensílios domésticos,* são as fontes que utiliza e os temas que se propõe a analisar.

Fruto de uma dedicação de longa data ao acervo do Centro de Memória da Unicamp, o trabalho da historiadora Eliane Morelli Abrahão é uma rica contribuição aos estudos sobre sociabilidade nos lares da Campinas Oitocentista a partir da cultura material. Tendo uma visão do conjunto de fontes que integra o Fundo Tribunal de Justiça de Campinas, a pesquisadora privilegiou os Inventários *post mortem* para realizar sua investigação. O resultado, como poderá observar o leitor, é uma abordagem rigorosa sobre usos e costumes dos que possuíam bens na próspera cidade paulista, sustentada pela economia cafeeira.

Se hoje mesmo as casas mais simples possuem objetos e utensílios fundamentais para as atividades domésticas, no século XIX a posse destes bens sinalizava a posição social e o prestígio que seus detentores tinham dentro da rede social na qual circulavam. Quando certos rituais e práticas sociais são naturalizados e as pessoas deixam de ver nos mesmos significação histórica, é fundamental que historiadores tragam a público os resultados de suas pesquisas e, de forma elegante como neste livro, questionem a cristalização de nossos saberes e explicações. A descrição do mobiliário e dos objetos que compunham a casa campineira é um convite a entrar em casas alheias e imaginar, muitas vezes de forma detalhada, os hábitos e costumes de gerações passadas.

A perspicácia da observação de Eliane Morelli Abrahão diante de suas fontes – os inventários –, instiga-nos a pensar permanências e transformações do cotidiano familiar, como as influências recebidas da Europa e as adequações realizadas pelas famílias tradicionais. Livros de receitas e manuais de etiqueta, acompanhados da descrição do número de utensílios e outras informações coletadas, permitem inferir quais eram as famílias que mais recebiam formalmente; o tipo de serviço que ofereciam em suas recepções; e as redes sociais que se compunham à época. O papel da mulher, o início da urbanização, a circulação de riquezas, a preocupação com o refinamento das casas e recepções, as perpetuações de um ambiente mais senhorial do que burguês são temas que tangenciam este livro e nos instigam a pensar sobre os fenômenos sociais vividos no século XIX.

É ocioso dizer que um inventário é feito por quem possui certa quantidade de bens. *Morar e viver na cidade. Campinas (1850-1900). Mobiliário e utensílios domésticos*, porém, ultrapassa os limites das famílias tradicionais. Ao pensarmos os novos símbolos e produtos culturais que circulavam por Campinas, observamos que os mais pobres também eram influenciados pelos modelos definidos pelos endinheirados. Pequenos agricultores e comerciantes, ferroviários, ex-escravos acompanhavam as mudanças de hábitos na cidade, observados por diversos caminhos, dentre os quais, os produtos vendidos nas casas comerciais e os anúncios de mercadorias nos jornais.

Em tempos em que as fronteiras entre público e privado são cada vez mais tênues, recuar temporalmente é uma maneira de pensar as complexas relações que foram tecidas historicamente e perguntar sobre desdobramentos que podem ser observados ainda hoje. Com pleno domínio do debate historiográfico sobre cultura material, representações e sociabilidade, além de uma interessante abordagem de fontes, este livro é um convite a adentrarmos em casas alheias e reconhecermos aspectos de uma história contada com rigor, diligência e habilidade por Eliane Morelli Abrahão.

***

Muitos são os caminhos até a publicação dos resultados de uma pesquisa. As escolhas de temas, arquivos, fontes, cursos são algumas das decisões a serem tomadas em um longo percurso. Um verdadeiro mosaico vai se compondo nesta trajetória. Com Eliane Morelli Abrahão não haveria de ser diferente. Seu empenho pessoal em torno da documentação e seu esforço para sistematizá-la diz muito sobre sua dedicação e zelo como pesquisadora. Devo acrescentar a difícil situação de quem ao longo de sua pesquisa perde a mão segura de quem elegemos como orientador. Prosseguir o trabalho iniciado pelo professor Héctor Bruit foi um desafio assumido com muito carinho, tanto pela memória saudosa do docente que tanto contribuiu para minha formação, quanto pela generosidade e acolhida de Eliane, que confiou em mim. Os méritos devem ser partilhados entre a autora desta obra e o seu primeiro orientador.

O professor Héctor Hernán Bruit foi o grande instigador desta pesquisa, e encontrou em Eliane Morelli Abrahão capacidade e curiosidade necessárias para este estudo sobre morar e viver em Campinas na segunda metade do século XIX. Fundador do Centro de Memória da Unicamp e docente do Departamento de História da mesma universidade, Bruit era um erudito que lançava desafios em áreas múltiplas: da América hispânica ao olhar sobre a alimentação e cotidiano em Campinas. Entre estes temas há tantas facetas que não seríamos capazes de estabelecer vínculos mais imediatos. Mas uma pessoa como Bruit poderia conduzir todos os estudos com o mesmo rigor e qualidade, o que o tornava inatacável quanto à sua seriedade e dedicação à pesquisa. Este espírito está presente no trabalho da Eliane e de tantos outros que, com ele, aprenderam um pouco mais do ofício de ser historiador, seja na história de Campinas ou no vasto mundo de temas das Américas.

Prof. Dr. José Alves de Freitas Neto
Departamento de História – Unicamp

Introdução

> Não obstante o que por vezes parecem pensar os principiantes, os documentos não aparecem, aqui ou ali pelo efeito de um qualquer imperscrutável desígnio dos deuses. A sua presença ou a sua ausência no fundo dos arquivos, numa biblioteca, num terreno, dependem de causas humanas que não escapam de forma alguma à análise, e os problemas postos pela sua transmissão, longe de serem apenas exercícios, tocam, eles próprios, no mais íntimo da vida do passado, pois o que assim se encontra posto em jogo é nada menos do que a passagem da recordação através das gerações.
>
> *Marc Bloch* [1]

O aparecimento de novas abordagens de pesquisas relacionadas à vida em sociedade, de novos objetos e de novas fontes na História possibilitou aos historiadores, a partir da segunda metade do século xx, desenvolverem trabalhos de cultura material. Os estudos sobre a história da vida privada, dos fatos aparentemente miúdos e irrelevantes do

---

[1] Bloch, Marc. *Apologia da história ou o ofício de historiador.* Rio de Janeiro: Zahar, 2001. p. 83.

cotidiano, visa compreender os aspectos mais imediatos da sobrevivência humana: a habitação, o vestuário e a alimentação.[2]

O nosso interesse pela cultura material e pelos objetos do cotidiano surgiu a partir de uma pesquisa mais ampla sobre a História da Alimentação em São Paulo. O professor Hector Hernán Bruit criou e coordenou no Centro de Memória – Unicamp (CMU) um grupo de pesquisadores interessados em estudar a alimentação como a arte de comer, como gastronomia, como culinária.[3] Nossa pesquisa perpassava pelas questões da sociabilidade, da comensalidade, dos modos de vida das famílias paulistas, procurando entender as práticas culinárias de um grupo dentro de um contexto histórico e social definido. Isso implicaria uma análise dos objetos da alimentação. Foi então que decidimos pesquisar o interior das residências e as formas de morar das famílias campineiras valendo-nos de componentes da cultura material; nesse caso específico, os objetos, o mobiliário e os utensílios ligados diretamente à alimentação.

Nesse livro analisaremos a partir da materialidade presente nos lares, os valores culturais, sociais e econômicos compartilhados pela sociedade campineira da segunda metade do século XIX, período no qual Campinas passou por um processo de modernização urbana e rural graças ao desenvolvimento econômico propiciado pelo apogeu da economia cafeeira.[4]

---

2   Braudel, Fernand. *Civilização material, economia e capitalismo*: séculos XV-XVIII. São Paulo: Martins Fontes, 1995.

3   Entendemos por gastronomia o conhecimento teórico e prático acerca de tudo que diz respeito à arte culinária, aos prazeres da mesa. E por culinária a arte de cozinhar.

4   Para Amaral Lapa, no período de 1850-1900 Campinas vive "...o seu primeiro grande momento de modernidade." Lapa, José Roberto do Amaral. *A cidade*: os cantos e os antros. Campinas 1850-1900. São Paulo: Edusp, 1995. p. 17. O memorialista Celso Maria de Mello Pupo sugere que Campinas deu um passo

Essa análise, essencialmente histórica, sobre os fragmentos da vida cotidiana, possibilitou-nos apreender as mudanças ocorridas nos hábitos da sociedade e nos interiores domésticos: a adoção de louças e mobília requintadas nos ambientes de convívio social; as permanências ou as alterações nos usos e costumes das camadas sociais; como eram as relações pessoais no espaço privado, a sociabilidade praticada nos jantares e bailes oferecidos à sociedade. Apostamos ser possível reconstruir o modo de vida privado e os fenômenos de transformação urbana e rural, ocorridos no município de Campinas no século XIX.

Entendemos a casa como o lugar da memória, de uma memória seletiva, valorizada segundo os princípios das pessoas que a habitam, possibilitando ao historiador observá-la e apreender as diferentes maneiras de morar, as comodidades, os luxos adotados pela sociedade em um determinado momento social, cultural e econômico.[5]

Como apontado por Luce Giard, o *habitat* confessa sem disfarce o padrão econômico, social e as ambições de vida de seus ocupantes.[6] É um espaço de representações no qual os hábitos e costumes familiares refletem diretamente os valores culturais compartilhados pela sociedade na qual estão inseridos.

Portanto, analisar uma sociedade, as relações entre os homens, personagens ativos da História, com os objetos que compõem o seu

---

marcante de progresso no ano de 1872, com a fundação da Companhia Paulista de Estradas de Ferro. Pupo, Celso Maria de Mello. *Campinas, seu berço e juventude*. Campinas: Academia Campinense de Letras, 1969, p. 155.

5 Roche, Daniel. *História das coisas banais*: nascimento do consumo séc. XVII-XIX. Rio de Janeiro: Rocco, 2000, p. 12. Este autor dedicou-se a partir da década de 1970 a estudar a vida cotidiana, a cultura material do parisiense comum, valendo-se essencialmente dos Inventários *post mortem*.

6 Certeau, Michel de; Giard, Luce. Espaços privados. In: Certeau, Michel; Giard, Luce; Mayol, Pierre. *A invenção do cotidiano*. 3 ed. Petrópolis: Vozes, 2000, p. 203-7.

cotidiano, é apreender as significações incorporadas a eles, muitas vezes imperceptíveis, mas carregadas de significantes.[7] "Os artefatos devem ser arguidos, no tempo e espaço, enquanto criação de grupos sociais nos quais homens e mulheres de diferentes etnias estão inseridos."[8]

Essa compreensão da vida material é a imbricação de contextos sociais de informações e comunicações que organizam o significado dos objetos e dos bens. É fundamental que o historiador compreenda esse papel complexo dos artefatos que perpassam a arte e o uso, indo do banal ao prestigioso, tentando compreender a mensagem que serviu de modelo e de referência para uma época. Os artefatos não estão descolados da dinâmica das relações sociais.

Como definiu o historiador Ulpiano T. Bezerra de Menezes em uma de suas palestras:

> Os objetos são produto e vetor de relações sociais e trazem presentes na sua própria materialidade traços mais ou menos explícitos que permitem que compreendamos aspectos sociais, culturais e econômicos da sociedade.[9]

---

[7] Roche, *op. cit.*, p. 233.

[8] Martinez, Claudia Eliane Parreira Marques. *Cinzas do passado*: riqueza e cultura material no vale do Paraopeba (MG) 1840-1914. Tese (Doutorado em História Econômica). Faculdade de Filosofia, Letras e Ciências Humanas, Universidade de São Paulo, São Paulo, 2006, p. 47.

[9] Menezes, Ulpiano Bezerra de. *As dimensões materiais da vida humana*. Palestra proferida: Museu da Casa Brasileira. São Paulo, 2005.

Fontes

Nossa principal fonte de pesquisa foi o conjunto dos Inventários *post mortem* do Fundo Tribunal de Justiça de Campinas, sob a guarda da Área de Arquivos Históricos do Centro de Memória – Unicamp.[1] Estes são documentos essenciais para a análise da vida material, devido ao seu caráter descritivo. Os inventários registram o levantamento dos bens de uma pessoa após a sua morte e que foram objetos da partilha. Nos autos de avaliação e descrição contidos nos processos são discriminados em bens móveis – os utensílios domésticos e de trabalho – imóveis, ou de raiz – as casas, terrenos, plantações e outros itens como dinheiro, apólices, ações e dívidas ativas e passivas.

A análise dos bens móveis possibilita a "reconstituição" dos interiores das casas porque em boa parte desses processos encontramos um detalhamento minucioso do mobiliário que havia em cada um dos cômodos da residência, as joias, os utensílios, também chamados trastes de cozinha e, em alguns casos, de bibliotecas com a descrição dos títulos

---

1 A leitura desses documentos possibilita diversas análises históricas sobre a produção agrícola regional; a evolução tecnológica, quais eram os objetos e maquinários utilizados na lavoura; a hereditariedade e transmissão de bens, entre outros temas.

das obras que as compunham.[2] As informações sobre os bens móveis e imóveis contidas nessa fonte documental nos indicam os níveis de riqueza e os padrões de consumo das populações; apontam as atividades desenvolvidas pelos indivíduos e possibilitam capturar as diferenças sociais no seio da sociedade estudada.[3]

A autuação imediata desses processos era obrigatória quando as partilhas envolviam menores. Além disso, os inventários descrevem a parte da população que possuía bens a repartir, isto é, ficavam excluídos os escravos e os homens e mulheres que não tinham bens imóveis. Mas, mesmo assim, conseguimos identificar algumas famílias cujos bens materiais se limitavam a alguns trastes e a sua única propriedade era sua casa de morada.

A própria definição jurídica desse tipo documental confirma a importância da descrição detalhada dos bens a serem inventariados. No sentido do Direito Civil e Direito Processual, por inventário entende-se a ação especial, intentada, para que se arrecadem todos os bens e direitos do *de cujus*. Desse modo, é inventário tomado em seu sentido amplo, desde que não se mostra *mero rol de bens,* mas uma exata demonstração da *situação econômica* do *de cujus,* pela evidência de seu ativo e de seu passivo, a fim de serem apurados os *resultados,* que serão objeto da partilha.[4]

Os inventários são fontes documentais valiosas na compreensão dos fatos sociais porque possibilitam recuperar não apenas um personagem, mas vários, permitindo enxergar diferentes grupos sociais:

---

2 Em 24,39% dos inventários lidos os avaliadores tiveram o cuidado de relacionar a mobília e os objetos cômodo a cômodo e, em alguns casos, quando o inventariado possuía mais de um imóvel, a avaliação era feita também por imóveis.

3 Maranho, Milena Fernandes. *A opulência relativizada*: significados econômicos e sociais dos níveis de vida dos habitantes da região do Planalto de Piratininga 1648-1682. Dissertação (Mestrado em História). Instituto de Filosofia e Ciências Humanas, Universidade Estadual de Campinas, Campinas, 2000.

4 Silva, De Placido e. *Vocabulário jurídico*, 10ª ed. Rio de Janeiro: Forense, 1987. v.1, p. 515.

fazendeiros, barões de café,[5] comerciantes, profissionais liberais, imigrantes, forros, artesãos etc., cujas pessoas e grupos, o conjunto de relações, formam uma sociedade.[6] Como apontou Jean-Marie Pesez, em seu artigo *História da cultura material*, trata-se de documentos escritos insubstituíveis para os estudos relacionados a casa e mobília.[7]

Nessa mesma direção, o historiador polonês Witold Kula considera as fontes documentais cartorárias, os registros civis e religiosos e os documentos notariais incomparáveis a outras fontes. Para ele, o volume de informações e as possibilidades de análises e aproximações sobre determinados fenômenos sócio-culturais só poderiam ser captadas nesse tipo documental. Apesar de serem produzidos em escala massiva, eles referem-se a fenômenos individuais; e o valor essencial dessa fonte primária de pesquisa está em permitir ao historiador tentar responder aos questionamentos sobre seu objeto de estudo.[8]

Para Kula, as reflexões sobre os objetos inventariáveis em um determinado recorte temporal e em um mundo econômico em constante mudança, possibilitam ao historiador perceber as permanências e as mudanças que ocorrem nas camadas, nas estruturas mais baixas da

---

5 "Barões do café" era a designação dada aos novos cafeicultores do período imperial, cujas origens, muitas vezes obscuras, e a acumulação inicial de riqueza em atividades desprestigiadas, incluindo o tráfico negreiro, faziam com que buscassem na titulação nobiliárquica o reconhecimento de seu evidente prestígio e poder econômico. Vainfas, Ronaldo (direção). *Dicionário do Brasil Imperial:* 1822-1889. Rio de Janeiro: Objetiva, 2002.

6 Fragoso, João Luis Ribeiro; Pitzer, Renato Rocha. Barões, homens livres pobres e escravos: notas sobre uma fonte múltipla – Inventários *post mortem. Revista Arrabaldes,* Rio de Janeiro, ano I, nº 2, p. 29-52, set./dez. 1988.

7 Pesez, Jean-Marie. História da cultura material. In: Le Goff, Jacques. *A história nova.* São Paulo : Martins Fontes, 2001, p. 198.

8 Kula, Witold. *Problemas y métodos de la historia economica.* Barcelona: Ediciones Península, 1974. (Coleção História, ciência, sociedade, 100). p. 264-77.

sociedade.[9] Deste modo, como apontado por Fragoso e Pitzer, o que era inicialmente uma fotografia torna-se um filme, "um conjunto de fotografias temporais, de imagens sociais, cuja sequência é a própria sociedade em movimento."[10] Enfim, as fontes cartorárias oferecem um mapeamento material da sociedade com uma precisão de detalhes difícil de encontrar em outro documento.

A história desse cotidiano, feito segundo ritmos diferentes, revela-nos o sentimento de duração e de mudança nas coletividades e nos indivíduos. Permite-nos apreender a própria percepção da história apreendida pelo historiador em uma análise de longa duração. E são através dessas análises que podemos entender e explicar as permanências e as mudanças que ocorrem em nosso dia-a-dia e como elas interferem nos costumes de uma sociedade. Os estudos sobre esses hábitos renovam a dicotomia entre a tradição e o moderno, o passado e o presente, o costume e a inovação. No caso das mudanças, estas refletem a passagem da raridade do mobiliário e dos objetos para uma "abundância" que atenderá às necessidades do homem.

Nossa pesquisa baseou-se em 85 inventários, entre os anos de 1840-1920, de um total de aproximadamente 2.500 documentos. Essa periodização permitiu-nos vislumbrar a cultura material selecionadas em um momento no qual a cidade de Campinas vivenciava o início do seu apogeu econômico, com o ciclo cafeeiro em substituição ao cultivo da cana e dos engenhos de açúcar.

A escolha dos documentos foi feita inicialmente por amostragem de dez em dez anos, coletando os dados a partir de um modelo de ficha previamente elaborada com o intuito de recuperar informações sobre o mobiliário, joias, bens de raiz, trastes de cozinha ou utensílios, objetos de devoção, biblioteca com seus respectivos títulos, alfaias e gêneros alimentícios. Essas informações foram descritas em fichas individuais para cada processo lido.

---

9 *Idem*, p. 264-77.
10 Fragoso, *op. cit.*, p. 30.

Procuramos também identificar os herdeiros e co-herdeiros, a profissão do falecido, quando havia, e o grau de parentesco do inventariante.

Essa primeira etapa de trabalho permitiu delimitarmos o nosso campo de pesquisa, focando a leitura dos inventários das famílias moradoras em Campinas desde o ciclo do açúcar, as consideradas tradicionais. Os herdeiros relacionados nesses inventários nos conduziram a um cruzamento de informações dos bens que foram sendo transmitidos de geração em geração e os enlaces matrimoniais entre as famílias, através da identificação dos sobrenomes localizamos os inventários de imigrantes (alemães, dinamarqueses, suíços, portugueses e italianos) já estabelecidos na cidade. Há casos de famílias conhecidas até hoje em Campinas, devido às atividades que desempenharam nesse período. Podemos exemplificar com o caso do Colégio Florence, cuja proprietária foi a senhora Carolina Krug, educadora e segunda esposa de Hercules Florence.[11]

Nos processos de inventário nem sempre os avaliadores descreviam o mobiliário e os trastes (objetos da casa e de cozinha) cômodo a cômodo, mas em 24 dos inventários lidos as descrições foram minuciosas. Esse preciosismo do avaliador nos possibilitou apreender os móveis que compunham os ambientes dedicados à recepção das visitas, as salas de estar e de jantar, assim como os objetos presentes nos espaços destinados ao preparo e consumo dos alimentos.

Considerarmos este conjunto documental cartorário em sua totalidade permitiu-nos realizar, com mais afinco, inferências entre os dados ou mesmo análises de caráter comparativo extraídos dos documentos anexos, tais como receituários médicos, relações de credores, notas fiscais de estabelecimentos comerciais. Enfim, trata-se de informações sobre casas comerciais e prestadores de serviços

---

11 Ribeiro, Arilda Inês Miranda. *A educação feminina durante o século XIX*: o Colégio Florence de Campinas 1863-1889. Campinas: Centro de Memória–Unicamp, 1996. (Coleção Campiniana, 4).

estabelecidos na cidade na segunda metade do século XIX, possibilitando-nos obter mais dados sobre o círculo de relação dos membros integrantes da sociedade campineira.

Durante o processo de classificação dos dados coletados, percebemos a impossibilidade de realizar a tarefa sem a ajuda de um programa de computador específico que possibilitasse o cruzamento das informações. Valemo-nos então do Microsoft Office Access e montamos uma planilha com os mesmos campos de nossa ficha.[12]

Paralelamente à leitura dos inventários, outras fontes nos auxiliaram na recuperação do cenário social, econômico e cultural da época. A pesquisa nos almanaques, publicação anual de caráter informativo e noticioso, possibilitou resgatarmos novos personagens de nossa história. São proprietários, fazendeiros, capitalistas, comerciantes etc. que residiam ou atuavam na cidade nessa época. A partir dos nomes levantados na leitura desta publicação, recorremos a descrição de seus respectivos inventários, e fizemos um entrecruzamento de dados.

Os relatos dos viajantes e memorialistas, bem como as análises dos historiadores e pesquisadores do cotidiano preocupados com temas relativos aos modos de morar e viver na cidade de Campinas do século XIX foram fundamentais para o nosso trabalho.

Desde o final do século XVIII, os viajantes estrangeiros aportavam em terras brasileiras com o intuito de conhecer e descrever as riquezas naturais, a fauna, a flora e os modos de viver dos moradores deste novo território. No Brasil, eles encontraram dificuldades

---

12 François Furet destacou em seu artigo a importância da utilização da informática nos métodos da história quantitativa, que atualmente tornou-se inevitável para o cruzamentos de dados em determinadas pesquisas. Para ele "a utilização do computador pelo historiador não é apenas um imenso progresso prático [...]; é também uma imposição teórica bastante útil." Furet, François. O quantitativo em História. In: Le Goff, Jacques; Nora, Pierre (orgs.). *História, novos problemas*. Rio de Janeiro: Francisco Alves, 1995, p. 53.

para entender o idioma, para conquistar a confiança da população local e, com isso, construir visões "fidedignas" das realidades que pretendiam descrever. Mas, apesar do olhar europeu, sob a ótica do outro, muitas vezes imbuído de um sentimento de superioridade, anti-escravocrata e preconceituoso com relação à cultura portuguesa e à herança ibérica de raiz moura, esses viajantes nos deixaram em suas gravuras e nas descrições textuais informações dos aspectos da vida material, cotidiana e social da sociedade colonial e imperial brasileira.[13] Em seus escritos encontramos relatos minuciosos de residências, dos usos e costumes das famílias, como eram as cidades e vilas pelas quais passavam.[14]

Nessa mesma linha as obras dos memorialistas, que tinham por objetivo preservar a história da cidade através de suas narrativas, são ricas em informações sobre as casas, sua arquitetura e o cotidiano das famílias e da cidade. Relatam também as festividades e cerimônias religiosas, políticas e culturais que ocorriam periodicamente, permitindo-nos compreender a rotina cultural e social das Campinas do século XIX.[15]

---

13 Carvalho, Vânia Carneiro de. *Gênero e artefato*: o sistema doméstico na perspectiva da cultura material. Tese (Doutorado em História Social). Faculdade de Filosofia, Letras e Ciências Humanas, Universidade de São Paulo, São Paulo, 2001.

14 Com a chegada da Família Real inúmeros viajantes percorreram nosso território e realizaram inventários de comunidades, geografia, fauna e flora. Nesta dissertação trabalhamos com os relatos de: Augusto Emílio-Zaluar, Charles Expilly, Daniel P. Kidder, J.J. von Tschudi, Auguste de Saint-Hilaire, Thomas Ender, J. Luccock e John Mawe.

15 Muitos memorialistas relataram a história de Campinas. Nos valemos dos seguintes autores: Celso Maria de Mello Pupo, Vitalina Pompêo de Sousa Queiroz, Leopoldo Amaral, Jolumá Brito, Edmo Goulart, Benedito Barbosa Pupo, José de Castro Mendes e Fúlvia Gonçalves. Além destes, utilizamos os relatos do carioca Wanderley Pinho e da paulistana Maria Paes de Barros.

Aliadas aos inventários, essas fontes bibliográficas contribuíram para a nossa compreensão das transformações que se processavam no cotidiano campineiro e a consequente disseminação dessas alterações em seus usos e costumes. Se não podemos observar a sociedade em funcionamento, podemos inferi-la a partir das imagens, dos relatos dos viajantes e memorialistas. As fotografias, importante fonte documental, foram utilizadas com o objetivo de dialogar com o texto, permitindo ao leitor visualizar a cidade de Campinas, suas ruas e praças, o comércio, o casario, a arquitetura das casas e os objetos e móveis que compunham seus interiores.

Durante nossa pesquisa, coletamos depoimentos orais que foram utilizados como instrumentos de rememoração do passado.[16] Através dos relatos de descendentes de famílias que residiram em Campinas no século XIX, procuramos apreender como eram os usos e costumes, a educação, a convivência e a civilidade das pessoas no ambiente familiar, nos lares. Inclusive muitos dos depoentes ainda guardam móveis e utensílios usados por seus ascendentes.

Preservando a estrutura inicial da dissertação de mestrado, com pequenas modificações, o primeiro capítulo deste livro, intitulado "A história de Campinas por meio da cultura material", discorre sobre a historiografia internacional, abordando as questões teórico-metodológicas sobre o tema da cultura material. Procuramos identificar como as novas pesquisas dedicadas à cultura material e a intersecção entre as diferentes áreas do conhecimento realizadas no Brasil poderiam acrescentar e permitir questionamentos no desenvolvimento de nosso trabalho.

---

16 O aprofundamento do tema história oral pode ser encontrado nos seguintes textos: Freitas, Sônia Maria de. História oral: possibilidades e procedimentos. São Paulo: Humanitas, Imprensa Oficial, 2002. Le Goff, Jacques. *História e memória*. Campinas: Ed. da Unicamp, 2003 (especialmente o capítulo Memória). Prins, Gwyn. História oral. In: Burke, Peter (org.). *A escrita da história*: novas perspectivas. São Paulo: Ed. Unesp, 1992, p. 163-98.

No item "História de Campinas: suas ruas, o comércio e a população", examinamos o funcionamento da cidade, seu crescimento urbano e sua modernização, a partir dos fragmentos da cultura material levando em conta os dados levantados nos Inventários *post mortem* e na bibliografia complementar. As transformações urbanas, econômicas, sociais e culturais vivenciadas por Campinas contaram com a participação de uma população formada não só por fazendeiros, mas por imigrantes, migrantes, forros e escravos. Os imigrantes tiveram grande influência nos hábitos e costumes dos campineiros e estavam presentes, como comerciantes, prestadores de serviços, profissionais liberais e trabalhadores rurais.[17]

Os estudos de cultura material possibilitam análises de uma perpetuação ou inserção de novos objetos que permitem, a partir do aumento do mobiliário doméstico, analisar e compreender o cotidiano da sociedade, corroborando a nossa tese de que Campinas acentuou o processo de modernização durante o período em que o café era o seu principal produto agrícola.[18]

---

17 Entendemos como profissionais liberais os médicos, dentistas e advogados. E como prestadores de serviços os trabalhadores que ofereciam seus serviços diretamente à população. São eles: os marceneiros, serreiros, educadores, motoristas, as governantas, dentre outros.

18 Campinas era uma cidade que vinha de um ciclo econômico bastante produtivo devido ao plantio de cana-de-açúcar. A riqueza do açúcar gerou mudanças na feição da cidade e Campinas procurava "espelhar-se" mais ao modelo urbano da Corte do que ao modelo da capital da província. Celso Maria de Mello Pupo, em seu trabalho descreveu as casas campineiras da primeira metade do Oitocentos. Em linguagem fiscal usava-se as classificações de casas: "casa", simplesmente, para as menores; "casas assobradadas" para as assoalhadas; e "sobrados" para as de dois pavimentos. Essas descrições demonstram que a riqueza local permitia aos seus moradores valerem-se de luxos e sofisticações adotados em localidades mais desenvolvidas. Pupo, *op. cit.*, 1969, p. 90.

O segundo capítulo, "A casa nos inventários campineiros: arquitetura, mobiliário e utensílios domésticos da segunda metade do século XIX", foi dividido em itens nos quais abordamos as questões relativas ao espaço familiar – a casa – e as alterações arquitetônicas que se processaram em seus espaços internos, dando lugar a ambientes específicos para cada uma das funções desempenhadas no cotidiano da família.

A partir da ampliação e da compartimentação da casa, tentamos identificar como o aumento na quantidade de móveis e o maior cuidado na escolha dos objetos de adorno e de uma mobília mais sofisticada, assumiram um caráter representativo de distinção social. Os cômodos, agora com diferenciações entre público e privado, fizeram com que a sala de visita e a de jantar se transformassem em espaços de afirmação perante os diferentes estratos da sociedade.

Os dados apresentados pelos Inventários *post mortem* permitiu-nos identificar as louças, os móveis e objetos de decoração presentes nas residências campineiras, possibilitando reconstituições dos ambientes destinados a sociabilidade e comensalidade, e se ocorriam mudanças ou permanências nas formas de morar dos diferentes estratos sociais de Campinas na segunda metade do século XIX.

No terceiro capítulo, "As famílias da elite campineira no XIX: a sociabilidade a partir dos objetos do cotidiano", o nosso objetivo foi o de compreender de que maneira as famílias residentes em Campinas assumiram padrões e modelos de comportamento europeus, muito realçados nas ocasiões em que a sociabilidade, a realização de festas se constituíram em um importante veículo de afirmação social. No item "Salas de jantar: cenário da sociabilidade" apresentamos como os "espaços públicos" da casa deram lugar a uma materialidade, a objetos que possibilitaram as famílias criarem "signos" de bem receber e bem representar diante de seus convidados.

A convivialidade proporcionada pelos jantares, bailes, saraus eram o palco ideal, como prenunciou Brillat-Savarin,[19] para as tomadas de decisões políticas – movimentos abolicionistas e republicanos –, econômicas e de afirmação social e cultural das famílias da elite das Campinas do século XIX que demonstravam requinte *savoir-faire* com o intuito de um reconhecimento público dos pares nacionais, quiçá europeus.

---

19 Brillat-Savarin, Jean Anthelme. *A fisiologia do gosto*. São Paulo: Companhia das Letras, 1995.

Capítulo I

Cultura material: abordagens teóricas e uma forma
de pensar a história de Campinas

Figura 1. Primeiro prédio da Estação da Companhia Paulista de Estradas de Ferro, Campinas, década de 1870. Essa gravura de Jules Martin ilustrou o *Almanaque de Campinas para o ano de 1873*, editado por José Maria Lisboa.

Estudos de cultura material: questões teóricas

> Construída por homens vindos de terras estranhas, escravos muitos, livres outros tantos, mas gregários e agremiados, capazes assim de pensar, sentir e agir sobre espaços, vedações e aberturas, com o propósito resoluto de com eles produzir uma "Princesa do Oeste", metáfora maior com que trabalharão no imaginário e na concretude. O seu resultado é uma interação produzida por sentidos e sentimentos.
>
> *José Roberto do Amaral Lapa*[1]

Imbuídos nas pesquisas sobre os objetos do cotidiano e a riqueza material da sociedade, os historiadores, obrigatoriamente, remetem-se aos trabalhos de Fernand Braudel. A importância de seu trabalho para

---

1 Lapa, José Roberto do Amaral. *A cidade*: os cantos e os antros. Campinas 1850-1900. São Paulo: Edusp, 1995. p. 13.

o historiador de cultura material é inquestionável, tendo em vista seu pioneirismo na forma de abordar temas como habitação e alimentação. Para ele os setores próximos ao homem, como o *habitat* (com seus interiores domésticos), a alimentação, o vestuário e a moda, a moeda, as técnicas, as fontes de energia e as cidades constituiria a infra-história, a "zona espessa, rente ao chão" que Braudel definiu como *vida material*.[2]

Jean-Marie Pesez considerou a obra *Civilização material e capitalismo* do historiador Fernand Braudel como sendo a primeira grande síntese sobre história da cultura material.[3]

Os seguidores de Braudel continuaram seus estudos sobre alimentação, habitação e vestuário, mas destacamos o trabalho de Daniel Roche porque ele adicionou um novo componente à teoria braudeliana de cultura material. Em seu livro *História das coisas banais,* Roche tratou do nascimento das formas modernas de consumo a partir do século XVII, mobilizando intensamente o universo da cultura material com o intuito de estabelecer novas articulações da vida cotidiana: as alterações nos padrões de sociabilidade, face às transformações no sistema de produção, circulação e consumo. Roche considerou o objeto para além do binômio produção e consumo, integrando à contribuição da história econômica e social de Braudel e Labrousse, o projeto de uma história cultural.[4] Para

---

[2] Braudel, Fernand. Vie matérielle et comportements biologiques. *Annales*, Paris, v. 16, n. 1-3, p. 545-49, 1961. (Enquêtes); Braudel, Fernand. *Civilização material, economia e capitalismo*: séculos XV-XVIII. São Paulo: Martins Fontes, 1995, p. 12.

[3] Jean-Marie Pesez abordou as questões teóricas da cultura material sob o prisma da arqueologia, da história e a etnologia.

[4] Claudia Martinez citou outros autores que trabalharam na mesma direção que Daniel Roche. São eles: Joel Cornette e Laurent Bourquin. Martinez, Claudia Eliane Parreira Marques. *Cinzas do passado*: riqueza e cultura material no vale do Paraopeba (MG) 1840-1914. Tese (Doutorado em História Econômica). Faculdade de Filosofia, Letras e Ciências Humanas, Universidade de São Paulo, São Paulo, 2006, p. 26. Sobre as discussões e problemáticas acerca da História Cultural ver Hunt, Lynn. *A nova história cultural*. São Paulo: Martins Fontes, 2001.

ele, os objetos não podem ser reduzidos a uma simples materialidade, bem como a simples instrumentos de comunicação ou distinção social. Os objetos não pertencem apenas "ao porão ou ao sótão".[5]

> Sem dúvida, na história a vida material estabelece "os limites do possível e do impossível", como desejava Braudel, mas ela o faz na imbricação de contextos sociais de informações e de comunicações que organizam a significação das coisas e dos bens, e não na sucessão e na separação nítida de temporalidades propícias a comportamentos típicos.[6]

Ao acrescentar um projeto de história cultural sensível às ideias, práticas e representações do mundo social para interpretar os objetos do cotidiano, Roche mostra-nos que o interesse nesse tipo de abordagem ultrapassa o caráter descritivo e, dessa forma, é possível ir além de uma história positiva e desconstruída de um problema histórico. Em outras palavras, estudar a cultura material não seria estudar apenas os artefatos mas, por intermédio deles, estudar as sociedades.

Há uma diversidade de trabalhos e diferentes concepções e formas de elaborar o conceito de cultura material. A imprecisão teórico-metodológica nos estudos de cultura material não ocorre apenas no Brasil, mas também no âmbito internacional.[7] As análises dedicadas ao espaço doméstico – arranjo e alocação do mobiliário, alterações de equipamentos de trabalho doméstico –, podem contribuir para o entendimento da construção material de noções como conforto, funcionalidade, higiene, individualidade, prestígio e sociabilidade. Porém,

---

[5] Roche, Daniel. *História das coisas banais*: nascimento do consumo séc. XVII-XIX. Rio de Janeiro: Rocco, 2000, p. 11-21.

[6] *Ibidem*, p. 13.

[7] Martinez, *op. cit.*, p. 29.

colocar o artefato no centro da cena histórica não tem sido tarefa fácil nem para aqueles que a isso se propõem.[8]

Marcelo Rede, em seu artigo "Estudos de cultura material: uma vertente francesa", abordou os problemas epistemológicos relacionados à noção de cultura material. O primeiro deles diz respeito à dissociação entre o documento material e o fenômeno social, transformando o primeiro em um simples reflexo do segundo. O outro desvio conceitual decorre da noção de fetiche, que transforma os sentidos atribuídos socialmente ao artefato em características a ele imanentes. Essas lacunas epistemológicas induzem o leitor a compreender a "força" dos artefatos como descoladas da dinâmica das relações sociais.[9]

Entre os historiadores que reconhecem o papel da cultura material no entendimento das práticas e tensões sociais, apesar dos problemas metodológicos e conceituais, há um consenso de que

> O artefato, como qualquer documento, deve ser compreendido na sua intertextualidade, ou seja, dentro de um conjunto amplo de enunciados que dão sentido, valor, induzem e instrumentalizam as práticas.[10]

O papel do pesquisador frente a estas questões deve se dar não apenas através da contextualização dos objetos, mas da compreensão de como estes contextos são interdependentes das práticas cotidianas.

---

8 Carvalho, Vânia Carneiro de. Gênero e cultura material: uma introdução bibliográfica. *Anais do Museu Paulista*. São Paulo: nova série, v. 8-9, p. 293-324, 2000-2002.

9 Rede, Marcelo. Estudos de cultura material: uma vertente francesa. *Anais do Museu Paulista*. São Paulo, nova série, v. 8-9, p. 281-291, 2000-2001.

10 Carvalho, *op. cit.*, 2003, p. 306.

Eliane Morelli Abrahão

Cultura material na historiografia brasileira

A cultura material na historiografia brasileira ainda foi pouco trabalhada. Podemos destacar autores tradicionais cujas obras tornaram-se fontes de pesquisa devido à sua natureza. Dentre eles elencamos Alcântara Machado, *Vida e morte do bandeirante*, de 1929; Gilberto Freyre, *Casa Grande e Senzala*, de 1933, e *Sobrados e Mucambos*, de 1936; e Sérgio Buarque de Holanda, *Caminhos e Fronteiras*, de 1957.[11] Essas obras possuem recortes e perspectivas diferentes, mas contém um viés especial para a análise de fenômenos de caráter cultural e das questões ligadas a vida material.[12]

Casa Grande e Senzala de Gilberto Freyre foi um livro fortemente marcado pela antropologia cultural norte-americana e as influências que recebeu de Franz Boas durante sua permanência em solo americano na década de 1920.[13] Mas, neste livro, Freyre já abordou e discutiu questões sobre a história da cultura material, alimentação, habitação, história da família e da vida privada, questões estas centrais da *nouvelle historie* francesa uma geração antes de Fernand Braudel, George Duby e Philippe Ariès.[14] Freyre acreditava que o

---

11 Machado, Alcântara. *Vida e morte do Bandeirante*. São Paulo: Governo do Estado de São Paulo, 1978. (Coleção Paulística, v. III); Freyre, Gilberto. *Casa-grande & senzala*: formação da família brasileira sob o regime da economia patriarcal. São Paulo: Círculo do Livro, s.d.; Freyre, Gilberto. *Sobrados e Mucambos*: decadência do patriarcado rural e desenvolvimento do urbano, 14ª ed. revista. São Paulo: Global, 2003; Holanda, Sérgio Buarque. *Caminhos e fronteiras*, 3ª ed. São Paulo: Companhia das Letras, 2001.

12 Mello e Souza, Laura de. Aspectos da historiografia da Cultura sobre o Brasil Colonial. In: Freitas, Marcos Cezar (org.). *Historiografia brasileira em perspectiva*. São Paulo: Contexto, 1998.

13 Pesavento, Sandra Jatahy. Um encontro marcado – e imaginário – entre Gilberto Freyre e Albert Eckhout. *Revista de História e Estudos Culturais*, v. 3, n. 2, abril/mai/jun. 2006.

14 Burke, Peter. Gilberto Freyre e a nova história. *Tempo social*. Rev. Sociol. USP, São

homem desenvolvia seus traços culturais, seus padrões de comportamento e se condicionava através das práticas cotidianas.[15]

Em *Sobrados e Mucambos*, Freyre aproximou-se mais da história, procurando perceber aspectos importantes relacionados à cultura material na qual a sociedade estava mergulhada. Ele recorreu a um âmbito extraordinário de fontes. Valeu-se de anúncios de jornais, inventários, testamentos, cartas, relatos de viajantes e imagens que marcaram a singularidade da obra.[16] Questões como culinária e seus utensílios domésticos, a arquitetura da casa, os interiores dos sobrados, das moradias sofisticadas e do mucambo foram por ele descortinados, evidenciando a "proeminência da cultura material para caracterizar a "decadente sociedade rural" e o desenvolvimento da urbanidade Oitocentista."[17]

A obra de Gilberto Freyre foi essencial na compreensão da formação social e cultural da sociedade brasileira, bem como de suas especificidades, tão fundamentais no entendimento dos aspectos, muitas vezes simbólicos e subjetivos do desenvolvimento material, no processo de elaboração da cultura material.

Dentro desse espectro de fontes e documentos utilizados, incomuns a primeira metade do século xx, em *Caminhos e fronteiras* Sérgio Buarque de Holanda descortinou aspectos da formação social e econômica do povo paulista ao analisar a mobilidade dos bandeirantes, os quais para ele se adequaram com mais eficiência as plantações de milho, feijão e mandioca – culturas rotativas e portáteis – "heranças indígenas", fundamentais na construção da base alimentar paulista. Em suas análises, ele introduziu sobretudo os objetos do cotidiano,

---

Paulo, v. 9, n. 2, p. 1-12, out.1997.

15 Freyre, Gilberto. *Problemas brasileiros de Antropologia*. Rio de Janeiro: Livraria José Olympio, 1959, p. 3-25.

16 Burke, *op. cit.*, p. 4; Martinez, *op. cit.*, p. 34.

17 *Ibidem, op. cit.*, p. 34.

por exemplo, os monjolos, os teares e as rodas de fiar. Assim como o couro, o milho foi inserido nessa abordagem para o entendimento, como o próprio autor denominou, de "civilização do milho".[18]

Em 1929, a partir basicamente dos inventários, fonte documental quase desconhecida até o momento da publicação do seu livro,[19] Alcântara Machado procurou demonstrar, com muita clareza, a importância da influência cultural na formação e no desenvolvimento do bandeirismo a partir da análise dos traços materiais da cultura paulista. O autor inquiria onde "moravam nossos maiores, a maneira por que se alimentavam e vestiam, o de que tiravam os meios de subsistência.[20] Ele fez em *Vida e morte do bandeirante* uma "história do cotidiano paulista". Segundo Sérgio Milliet, para Alcântara Machado estava muito claro que o indivíduo era, em última análise, apenas um aspecto subjetivo da cultura.[21]

No final da década de 1990, após uma longa ausência nos debates acerca da vida privada ou cotidiana na historiografia brasileira, os estudos sobre a vida privada mereceram destaque com a publicação da coleção *História da vida privada no Brasil*, sob a coordenação geral do historiador Fernando Novais. Em quatro volumes dedicados exclusivamente aos costumes e a história da vida privada, os textos derivaram da "nova escola" com duas consequências: de um lado "belíssimas reconstituições de hábitos, gestos, dos saberes, dos amores, do cotidiano, da sensibilidade, enfim, da *mentalité*";[22] e, de outro, a "nova" história

---

18 Holanda, *op. cit.*, 1994.
19 Maranho, Milena Fernandes. *A opulência relativizada*: significados econômicos e sociais dos níveis de vida dos habitantes da região do Planalto de Piratininga 1648-1682. Dissertação (Mestrado em História). Instituto de Filosofia e Ciências Humanas, Universidade Estadual de Campinas, Campinas, 2000, p. 30.
20 Machado, *op. cit.*, p.1.
21 *Ibidem*, p. 7.
22 Novais, Fernando A. Prefácio. In: *História da vida privada no Brasil*. São Paulo: Com-

apresentou-se como uma alternativa à *Clio,* com novas abordagens e temas, além da ênfase que passou a ser dada à narrativa.[23]

Em todos os textos apresentados nesses quatro volumes, partiu-se do princípio que os campos de estudos da vida privada e da vida cotidiana entrelaçam-se com diferentes possibilidades investigativas, que tanto podem ser complementares ou divergentes, mas nunca excludentes.

A década de 1970 representou um marco na historiografia francesa e, nesse contexto, a história das mentalidades,[24] os estudos sobre o cotidiano, a alimentação, a leitura, a história das mulheres desenvolveram-se e multiplicaram-se. Houve então uma aproximação da História com as outras áreas do conhecimento e, a partir da Nova História Cultural, ampliou-se o intercâmbio com as Ciências Sociais e a Arqueologia, para citarmos apenas estas disciplinas.

A Arqueologia Histórica tem realizado estudos considerando os objetos componentes da cultura material, com preocupações mais amplas como as históricas e antropológicas. São estudos importantes e que contribuíram para o desenvolvimento de nossa pesquisa. O trabalho de Tania Andrade Lima mereceu especial atenção, porque nele a

---

panhia. das Letras, 1997. (v. 1: Cotidiano e vida privada na América Portuguesa), p. 8.

23 *Ibidem*, p. 7-9.

24 História das mentalidades, nas palavras de Ronaldo Vainfas, "filha dileta" da "escola dos Annales", ocupou lugar de destaque na Nova História, porque preocupava-se com o social, com as massas anônimas, seus modos de viver, sentir e pensar. Com o aparecimento de novos temas ligados a vida privada, história de gênero, da sexualidade, a história das mentalidades refugiou-se na chamada história cultural, que abarcou temas ligados ao mental e aproximou-se da antropologia. E, com a Nova História Cultural, passou a estudar as manifestações de massas anônimas: as festas, as resistências, o popular. Procurou resgatar o papel das classes sociais, da estratificação e mesmo do conflito social, característica que a distinguiu da história das mentalidades. Vainfas, Ronaldo. História das mentalidades e História Cultural. In: Cardoso, Ciro Flamarion; Vainfas, Ronaldo (orgs.). *Domínios da história*: ensaios de teoria e metodologia. Rio de Janeiro: Campus, 1997, p. 127-62.

autora abordou por meio das louças domésticas a diferenciação social, o significado e o sistema implícito nos objetos da cozinha. Ela explorou também, neste artigo, as mudanças do comportamento e a função social do espaço doméstico; por exemplo, as salas de jantar, ambiente considerado pela autora como o palco da complexificação do ritual do jantar.[25] Em outro artigo, Tania analisou a tralha doméstica encontrada em três sítios arqueológicos do Rio de Janeiro, com o objetivo de resgatar e comprovar, a partir da cultura material, uma das peculiaridades da formação social brasileira: o surgimento de um modo de vida burguês. De que maneira através das porcelanas, da faiança, dos vidros, os segmentos altos e médios da sociedade podiam expressar os ideais da burguesia.[26]

A interdisciplinaridade, o uso conjugado de diferentes abordagens auxilia o historiador na compreensão do seu objeto de pesquisa nos diferentes campos de trabalho como a vida privada, o cotidiano, a história da cultura material, a memória histórica e a memória cultural.

Um importante canal de comunicação dos trabalhos realizados na área de cultura material são os *Anais do Museu Paulista*. Os artigos publicados neste periódico serviram de referência às nossas análises. Eles possuem um caráter interdisciplinar, mas ao mesmo tempo contêm um viés comum que são as reflexões sobre os componentes da vida material. Em muitos dos artigos publicados encontramos abordagens sobre as moradias, as transformações ocorridas na sua arquitetura externa e

---

25 Lima, Tania Andrade. Pratos e mais pratos: louças domésticas, divisões culturais e limites sociais no Rio de Janeiro, século XIX. *Anais do Museu Paulista*: nova série, v. 3, jan./dez. 1995.

26 Lima, Tania Andrade. A tralha doméstica em meados do século XIX: reflexos da emergência da pequena burguesia do Rio de Janeiro. *Dédalo*, São Paulo, Museu de Arqueologia e Etnologia, n.1, p. 205-230, 1989.

interna; sobre os modos de comportamento das famílias no ambiente familiar, da sociedade e até símbolos públicos de distinção social.[27]

Os autores cujos trabalhos estavam voltados para a análise da sociedade como um todo – o homem, a civilização, a sociabilidade, a loucura, a punição, por exemplo –, influenciaram sobremaneira os trabalhos de história cultural. A teoria social e cultural de Norbert Elias contribuiu para a nossa análise de como a mobília, os objetos de decoração, do cotidiano familiar ligavam-se a sociabilidade e aos padrões de comportamento adotados pela sociedade campineira do período cafeeiro. E como esses padrões, principalmente o modelo francês, eram adotados pelos nobres brasileiros no oferecimento de festas e jantares, ocasiões em que deveriam se expor aos pares locais.[28]

Estudar o cotidiano aliado aos fragmentos da vida material é uma tarefa complexa porque não podemos dissociá-lo dos "pormenores significativos", como falava Gilberto Freyre, tampouco das influências culturais incorporadas à nossa sociedade em consequência do intercâmbio cultural entre índios, negros, portugueses e demais europeus. Um dentre os inúmeros exemplos possíveis foi a adoção de redes para descanso pelos paulistas, uma influência do seu contato com os índios.

Os significados assumidos pelos objetos utilizados em nosso dia-a-dia, a reflexão sobre a sua historicidade, artifícios da nossa vida comum, não implica um materialismo vulgar, mesmo que rematerializemos os princípios do nosso conhecimento para compreender melhor nossa

---

27 Sobre essa questão de distinção social, o artigo de Roseli Maria Martins D´Elboux é interessante, porque nele a autora analisou o significado das palmeiras imperiais como uma paisagem específica ligada à cultura do café. D'Elboux, Roseli Maria Martins. Uma promenade nos trópicos: os barões do café sob as palmeiras-imperiais, entre o Rio de Janeiro e São Paulo. *Anais do Museu Paulista*. São Paulo: nova série, v. 14, n. 2, p. 193-250, jul/dez. 2006.

28 Elias, Norbert. *O processo civilizador*: uma história dos costumes, 2ª ed. Rio de Janeiro: Zahar, 1994.

relação com os objetos, com o mundo.[29] Os artefatos transcendem a fronteira do tempo e do espaço. É uma materialidade caracterizada pela permanência. Eles são transmitidos de geração em geração e, portanto, a característica emocional trespassa a fronteira temporal. São uma relíquia do passado, a expressão de uma ideologia burguesa, como apontou Daniel Roche.[30] Ao longo dos anos, foram assumindo um caráter de diferenciação social e/ou de sociabilização dos indivíduos.

A história dos costumes não se exprime através de um encadeamento de fenômenos pitorescos e de inovações, mas por uma mistura constante de comportamentos herdados (portanto de permanências) e de fenômenos de adaptação ou de invenção.[31] São fixados valores culturais que tornam a materialidade da vida humana tão natural que não nos atemos do quanto as práticas repetitivas produzem relações e determinações sociais. E esses símbolos de prestígio, os objetos, são deixados por legado aos descendentes nos inventários e testamentos.

O leque de estudos voltados direta ou indiretamente aos temas da cultura material, embora dispersos, representam uma parcela significativa da historiografia aqui analisada. São trabalhos que decodificam o espaço de morar e viver do passado brasileiro e permite-nos refletir como, por exemplo, o aumento do mobiliário doméstico pode relacionar-se a dinamização da economia; ou como são realizadas as atividades desempenhadas nesse ambiente – as maneiras de morar, de receber visitas e, de se alimentar e; nas mudanças culturais, sociais e econômicas de uma sociedade.

---

29 Roche, *op. cit.*, 2000.

30 *Ibidem*, p. 18-9.

31 D'Aussy, Legrand *Apud* Burguère, André. A antropologia histórica. In: Le Goff, Jacques. *A história nova*. São Paulo: Martins Fontes, 2001, p. 125-6.

Morar e viver na cidade. Campinas (1850-1900)

História de Campinas: suas ruas, o comércio e a população

Campinas surgiu em 1722, a partir de um bairro rural formado por uma pequena comunidade dedicada à atividade familiar de subsistência, com plantações principalmente de milho, feijão, arroz e mandioca e pelos "rancheiros", cujas casas eram vendas e pouso para tropeiros e bandeirantes, que seguiam rumo a Goiás e Minas Gerais em busca do ouro.[32]

Para o viajante Augusto-Emílio de Zaluar,

> No lugar onde hoje existe a cidade havia então um pequeno campo de pastagem, o que era de grande auxílio para o pouso das tropas, a que davam o nome de Campinho, que depois provavelmente se mudou no de Campinas, mais poético e em analogia com a perspectiva pitoresca do terreno.[33]

---

[32] Badaró, Ricardo de Souza Campos. *Campinas, o despontar da modernidade*. Campinas: Centro de Memória–Unicamp, 1996. (Coleção Campiniana, 7). Conforme Antonio da Costa Santos, dentre os "atores campineiros" do século XVII encontravam-se os posseiros e roceiros, que ocuparam terras devolutas e fizeram suas rocinhas e fabricavam aguardente e rapadura com um ou outro escravo ou agregado; e os rancheiros e tropeiros, cujas casas ampliadas, "fora venda maior, pouso para tropeiros e posto para as bestas de carga." Santos, Antonio da Costa. *Campinas, das origens ao futuro*: compra e venda de terra e água e um tombamento na primeira sesmaria da Freguesia de Nossa Senhora da Conceição das Campinas do Mato Grosso de Jundiaí (1732-1992). Campinas: Ed. da Unicamp, 2002, p. 111.

[33] Zaluar, Augusto-Emílio. *Peregrinação pela província de São Paulo* (1860-1861). Belo Horizonte: Itatiaia; São Paulo: Edusp, 1975, p. 134. (Coleção Reconquista do Brasil, v. 23).

A modernidade vivenciada pela cidade de finais do século XIX e meados do XX foi analisada pelo arquiteto Ricardo Badaró. O autor apontou que Campinas já nascera com propostas modernas porque o Governador da Capitania determinou a seu fundador, o senhor Barreto Leme, que esse novo núcleo tivesse um planejamento urbanístico com definições das dimensões das quadras, das ruas e disposição das casas. A demarcação definitiva da cidade se deu em 1797 com traçado retilíneo e ortogonal.[34]

> A área urbana de Campinas, com centro na praça Bento Quirino, iria estender-se especialmente ao longo do eixo Jundiaí – Mogi, crescendo ao norte, no sentido do Bairro de Santa Cruz e ao sul para os lados do Cemitério Bento. Secundariamente ocuparia o eixo ortogonal, definido pelo Bairro das Campinas Velhas e o recém-aberto (1792) caminho para Itu (avenida Moraes Sales).[35]

Com a decadência do ciclo da mineração, muitos paulistas retornaram à sua terra e ali se instalariam definitivamente. A agricultura, sempre presente nas atividades econômicas das cidades, passaria a ser predominante. As roças de milho, arroz e feijão existentes na paisagem rural de Campinas, que se despedia do século XVIII, começou paulatinamente a ser substituída pelos engenhos de açúcar. O cultivo da cana-de-açúcar já alcançava sucesso na região de Itu, provocando o interesse dos moradores de Campinas, que viam na elevação dos preços do açúcar na Europa, em virtude de uma revolta social ocorrida no Haiti, principal produtor de açúcar do final do século XVIII, uma boa possibilidade de desenvolvimento econômico.[36]

---

34 Badaró, *op. cit.*, p. 19-20.

35 *Ibidem*, p. 20-1.

36 Martins, Valter. *Nem senhores, nem escravos*: os pequenos agricultores em

Nesse momento, Campinas começou sua trajetória de destaque no contexto nacional, em função de seu dinamismo econômico. Surgiram os primeiros engenhos de açúcar em grandes latifúndios, necessários para o cultivo da cana e da produção do açúcar em larga escala. A economia da freguesia, baseada até então na policultura de subsistência, foi se transformando gradativamente em grande exportadora de açúcar. A agro-indústria do açúcar iria se caracterizar como atividade predominante da futura vila de São Carlos, modificando seus hábitos e imprimindo na cidade os primeiros traços de riqueza, que em 1797, foi elevada à condição de vila.

Desponta-se a vida na cidade. Os senhores de engenho iniciam a construção de casas, as quais serviriam de residências às suas famílias em suas estadas de finais de semana. As casas térreas pequenas e toscas, construídas de pau-a-pique, dispostas nos cantos das quadras, com amplos muros de barro vermelho ao longo do alinhamento, que predominavam na freguesia, cederiam lugar para casario mais denso. A sequência de portas e janelas seria interrompida por poucos casarões, e alguns sobrados construídos com taipa de pilão e assoalhados com tábuas.[37] A palavra sobrado, nos engenhos de nossa província, substituiu a expressão "casa grande", comumente usada no norte do país.[38]

No limiar do século XIX a pequena vila já possuía seus bairros: Anhumas, Boa Vista, Campo Grande, Capivari, Dois Córregos, Ponte Alta e Atibaia. As ruas que compunham a então Vila de São Carlos foi poeticamente descrita pelo historiador Valter Martins:

Campinas (1800-1850). Campinas: Centro de Memória–Unicamp, 1996, p. 23. (Coleção Campiniana, 10).

37 Badaró, *op. cit.*, p. 22.
38 Pupo, Celso Maria de Mello. *Campinas, seu berço e juventude.* Campinas: Academia Campinense de Letras, 1969, p. 90.

Havia a Rua de Baixo e a Rua de Cima e entre elas, é claro a Rua do Meio. A rua onde se localizavam as *casinhas* que abasteciam os lares quase urbanos daquele tempo com hortaliças, era a rua das Casinhas. Naquela onde ficava a cadeia a Rua da Cadeia e uma rua não muito reta era a Rua do Caracol. A rua passando por um lugar enfeitado pela natureza com flores silvestres era a Rua das Flores, naquela onde havia muitos botequins, Rua da Pinga e onde pouca gente morava, Rua Deserta.[39]

Para o viajante Auguste de Saint-Hilaire, que por ocasião de sua visita e estadia na então Vila hospedou-se na residência do capitão-mor o sr. João de Francisco de Andrade, foi graças à fabricação do açúcar que a cidade de Campinas devia sua origem. Ele dizia que as ruas não eram muito largas, as casas eram novas, a igreja paroquial pequena e modesta, mas "era fácil ver que a cidade de Campinas iria adquirir em breve uma grande importância."[40]

Até princípios da década de 1840, a agro-indústria do açúcar seria a economia dominante, imprimindo suas características na organização espacial, funcional e comercial da vila.

As impressões dos muitos viajantes que por aqui passaram são coincidentes no que concerne a importância que a cidade adquiria devido ao ciclo econômico do açúcar e, posteriormente do café, a relevância do seu comércio e da sua localização privilegiada, sendo um importante elo de ligação entre o interior da província e o porto de Santos.

---

[39] Martins, *op. cit.*, 1996. p. 92. Essas ruas em 2007, são respectivamente: Lusitana, Barão de Jaguará, Dr. Quirino, Bernardino de Campos, Benjamin Constant, José Paulino, Santa Cruz e Álvares Machado.

[40] Saint-Hilaire, Auguste de. *Viagem à província de São Paulo*. Belo Horizonte: Itatiaia; São Paulo: Edusp, 1976, p. 110. (Coleção Reconquista do Brasil, v. 18).

Ao visitar o Brasil por volta de 1837, o missionário Daniel P. Kidder observou em seus relatos essa posição estratégica: "Na Vila de São Carlos havia um lugar que tornou-se o ponto das tropas que levam açúcar para o litoral e de lá trazem o sal e outros artigos."[41]

O viajante suíço J.J. von Tschudi ficou hospedado na casa do farmacêutico dr. Georg Krug, em 1860, e sobre a cidade narrou:

> Desde há muito tempo, Campinas se firmou como importante centro comercial de algumas comarcas distantes, tanto da província como também da de Minas Gerais, que para ela enviam seus produtos, tais como algodão, toucinho, feijão, queijo etc., recebendo em troca sal, ferramentas, artigos importados da Europa.[42]

Em 1842, a vila de São Carlos foi elevada à categoria de cidade, retomando a denominação de Campinas. A vila do açúcar iria transformando-se na cidade do café, produto que se difundia amplamente no mercado internacional. Em 1820, já encontramos os primeiros produtores de café na cidade, embora o açúcar continuasse a ser a cultura predominante.

Com a decadência do ciclo cafeeiro no vale do Paraíba, Campinas se destacou por todo país e assumiu sua liderança econômica, no âmbito do Interior da Província de São Paulo, bem como gozou de imenso prestígio político e social. E em 1852, despontando-se como uma ação inovadora, vimos a ocorrência de uma primeira experiência com

---

41 Kidder, Daniel P. *Reminiscências de viagens e permanência no Brasil* (Rio de Janeiro e Província de São Paulo). Brasília: Senado Federal, 2001, p. 223. (Coleção O Brasil visto por estrangeiros).

42 Tschudi, J.J. von. *Viagem às províncias do Rio de Janeiro e São Paulo*. Belo Horizonte: Ed. Itatiaia; São Paulo: Edusp, 1980, p. 178. (Coleção Reconquista do Brasil, Nova Série, v. 14).

o uso do trabalho livre nas lavouras de açúcar e de café sob a iniciativa do sr. Joaquim Bonifácio do Amaral, futuro Visconde de Indaiatuba, fundando, já em 1852, uma colônia com trabalhadores alemães e tiroleses em sua fazenda Sete Quedas.[43]

Campinas, devido à sua privilegiada localização, era um centro estratégico no sistema do transporte viário da província de São Paulo. Vários entroncamentos ferroviários a situavam como pólo regional, permitindo-a se comunicar com as cidades da região, Jundiaí, Mogi-Mirim, Casa Branca, sul de Minas Gerais, Poços de Caldas e com o porto de Santos, atraindo para a cidade muitos dos consumidores do interior e mesmo da capital. As casas de importação aqui sediadas transacionavam diretamente com a Europa. Esse incremento das ferrovias, em implantação desde 1865, fortaleceu a função comercial da cidade.[44]

Da mesma forma que os trilhos chegaram para buscar da terra a produção agrícola, os postos de trabalho oriundos da implantação das ferrovias levaram ao aumento da população e da renda, favorecendo a diversificação da economia local.

Pelos anos de 1880, além das fazendas e das atividades comerciais e financeiras ligadas ao café, consolidou-se na sociedade a prestação de serviços especializados, a manufatura, uma incipiente industrialização, além de estabelecimentos de ensino e hospitalares. Em 1872, fundou-se o Banco de Campinas, dentre tantos outros empreendimentos. O comércio estava em franca expansão, incrementado pelas importações e vendas de artigos para casa, gêneros alimentícios, e, principalmente máquinas e produtos que auxiliavam na lavoura ou nas indústrias em formação.

O dinamismo econômico era perceptível nas residências por meio da incorporação de objetos e maquinários. As propagandas veiculadas

---

43 Pupo, *op. cit.*, 1969, p. 148.

44 Baeninger, Rosana. *Espaço e tempo em Campinas:* migrantes e a expansão do pólo industrial paulista. Campinas: Centro de Memória, NEPPO–Unicamp, 1996. (Coleção Campiniana, 5).

nos jornais indicavam a concorrência entre os comerciantes da cidade. Em 1876, encontramos no jornal *Gazeta de Campinas* dois anúncios de lojas que vendiam máquinas de beneficiamento e de costura. Tratava-se dos comerciantes Guilherme P. Ralston & Cia., cuja loja localizava-se no Largo do Rosário, número 15A, e Joaquim Pedro Kiehl. Em ambas as propagandas os comerciantes procuravam de alguma maneira sobressaírem-se um ao outro, quer pela superioridade dos produtos ou pelo serviço oferecido. Guilherme P. Ralston dizia-se o vendedor das verdadeiras Singer. Para o senhor Kiehl o seu estabelecimento comercial era o "Grande Empório de Máquinas de Costura".[45]

No Inventário *post mortem* de Joaquim Pedro Kiehl, casado e pai de cinco filhos menores, foram arrolados dentre os bens de negócio

> Seis máquinas singer, medianas com tampa; dez máquinas singer, medianas sem tampas; quatro máquinas singer pequenas com tampas; trinta e seis máquinas singer pequenas, sem tampas; seis máquinas singer quebradas, mais pequenas, mais sem tampas; cinco máquinas singer de mão sem manivelas com tampas; uma máquina Taylor sem tampa; uma máquina Rhemania, sem tampa, de mão; cadinhos; grosas; armação para máquinas de mão saxônia; uma máquina elétrica; uma cadeira de dentista.[46]

Os comerciantes estavam atentos à expansão do mercado consumidor local, que acompanhava o crescimento econômico e a modernização da cidade. A análise dos inventários dessa parcela da população demonstrou a potencialidade do mercado consumidor de Campinas.

---

[45] *Gazeta de Campinas*. Redator e Proprietário F. Quirino dos Santos. Campinas, ano VIII, n. 697, p. 3-4, 12 mar. 1876.

[46] Inventário TJC, 3.Ofício, 1877, Cx. 454, Proc. 7304, fls.14-7.

Os consumidores encontravam de tudo nos estabelecimentos comerciais: pregos, tecidos finos, porcelana inglesa, mobília austríaca, pianos, máquinas de beneficiamento, máquinas de costura, e cadeiras e equipamentos de uso dos dentistas. Para as refeições as famílias contavam com a oferta variada de produtos importados. Entre os comestíveis, bacalhau, salame, queijo e manteiga do reino, amêndoas, nozes, lata de figos, biscoitos, macarrão, especiarias e azeite fino. E para beber, vinho do porto, conhaque e licores.[47]

Com o encerramento do tráfico negreiro o sistema escravista entrou em colapso e os fazendeiros paulistas precisaram encontrar alternativas para a substituição dessa mão-de-obra. Encontraram-na com a aquisição de escravos vindos de outras províncias do país.

Em 1870, há registros oficiais da chegada de imigrantes europeus para trabalharem nas lavouras de café, mas a primeira grande onda migratória ocorreu em 1887/1888, período de nova expansão da economia cafeeira.[48]

---

47 Foram lidos e transcritos 9 inventários de comerciantes estabelecidos em Campinas no período de 1877 a 1921. Dentre eles, seis possuíam pelo menos o imóvel destinado ao comércio e o imóvel de morada. Os ramos de atividade encontrados foram: empório, loja de fazenda, loja de máquinas, proprietário de hotel e de botequim, açougue e armarinho que vendia de tudo. Inventário TJC 3.Ofício, 1877, Cx. 454, Proc. 7304; Inventário TJC 4.Ofício, 1891, Cx. 280, Proc. 5285; Inventário TJC 3.Ofício, 1892, Cx. 506, Proc. 7653; Inventário TJC 4.Ofício, 1892, Cx. 285, Proc. 5325; Inventário TJC 2.Ofício, 1895, Cx. 266, Proc. 5679; Inventário TJC 1.Ofício, 1899, Cx. 430, Proc. 6472; Inventário TJC 2.Ofício, 1905, Cx. 282, Proc. 5790; Inventário TJC 4.Ofício, 1910, Cx. 402, Proc. 6682; Inventário TJC 1.Ofício, 1925, Cx. 750, Proc. 1105.

48 Os dados estatísticos sobre a entrada dos imigrantes no período de 1870/1907, foram retirados do site do Memorial do Imigrante. As informações são que, em 1888, desembarcaram no Porto de Santos, na Província de São Paulo, 782 alemães, 4.736 espanhóis, 104.353 italianos, 182.89 portugueses e 5.093 de origem diversas, totalizando 133.253 imigrantes. http://www.memorialdoimigrante.sp.gov.br/historico/e1.htm. Acesso em 20 mar. 2006.

Essa mão-de-obra livre possibilitou a substituição completa do trabalho escravo na região de Campinas e influenciou sobremaneira a mentalidade escravocrata fortemente existente entre os fazendeiros campineiros.

A importância dos imigrantes em setores para além do agrícola não poderia deixar de ser registrada. O mérito desses novos habitantes na consolidação de serviços prestados e do comércio na cidade de Campinas é indubitável. Afora o grande contingente que foi trabalhar nas lavouras de café. Em todos os ramos de atividade havia pelo menos um imigrante ou algum de seus descendentes exercendo funções, muitas vezes trazidas de sua terra natal. Muitos dos profissionais liberais e prestadores de serviços eram descendentes de alemães, suíços e franceses. Dentre eles identificamos médicos, farmacêuticos, marceneiros e educadores.[49] Dois grandes estabelecimentos de propriedade de imigrantes alemães, referências campineiras da época, eram o Colégio Florence, de 1863, sob a responsabilidade e propriedade da senhora Carolina Krug, que depois de casar com Hercules Florence tornar-se-ia Carolina Florence,[50] e a "Farmácia Cisne" do sr. Otto Langard, muito conhecida e recomendada pela sociedade campineira.

---

49 Karastojanov, Andréa Mara Souto. *Vir, viver e talvez morrer em Campinas:* um estudo sobre a comunidade alemã residente na zona urbana durante o Segundo Império. Campinas: Centro de Memória–Unicamp, 1999. (Col. Campiniana, v. 19).

50 Ribeiro, Arilda Inês Miranda. *A educação feminina durante o século XIX:* o Colégio Florence de Campinas 1863-1889. Campinas: Centro de Memória–Unicamp, 1996. (Coleção Campiniana, 4).

Figura 2 – À educação das filhas professores de línguas, música e artes seguindo os moldes europeus. Corpo docente do Colégio Florence. Década de 1880. (Coleção Cyrillo H. Florence. Retirado de PESSOA, Ângelo Emílio da Silva (org.). Campinas numa perspectiva histórica.)

Figura 3 – Uma das farmácias existentes na cidade na década de 1870, a Pharmacia Imperial pertencente ao senhor Antonio Jesuíno de Oliveira Barreto localizava-se no Largo do Rosário, número 35. (TJC, Arquivos Históricos CMU–Unicamp).

Para a memorialista campineira Vitalina Pompêo de Sousa Queiroz

> Havia em Campinas excelentes colégios e escolas. O primeiro deles a ser mencionado, é o Colégio Florence, mantido a dezessete anos, e por onde passaram quase todas as jovens campineiras de distinção.
>
> O Dr. Langgard (dinamarquês), muito estimado, tendo angariado vasta clínica e muitas amizades, assim como a sua distinta família, considerando-se os seus filhos campineiros. (...).
>
> Fundou o Dr. Langgard em Campinas a farmácia Langgard, muito conceituada e que prestou durante muitos anos bons serviços, tão conhecida e estimada como a farmácia Krugg.[51]

Figura 4 – Os médicos e advogados atendiam à sua clientela em gabinetes montados em suas próprias residências. Era o caso do Dr. José Cooper Reinhardt. Em 1871, recebia seus pacientes no seu consultório à rua do Pórtico (atual Ferreira Penteado), n. 48 esquina com rua Lusitana. Sobre a porta de sua casa vemos a indicação de seu nome. (Coleção BMC, MIS–Campinas).[52]

---

51 Queiroz, Vitalina Pompêo de Sousa. *Reminiscências de Campinas*. Campinas: s.c.p., 195, p. 22, 11, 12.

52 Inventário TJC, 3.Ofício, 1873, Cx. 439, Proc. 7213. fl. 73.

A riqueza gerada pelo açúcar, e posteriormente pelo café, possibilitou a formação de uma nobreza em Campinas que passaria a compor o grupo de "barões do café" do oeste paulista. Essa nobreza[53] campineira não se constituiu de uma pura aristocracia rural. Percebemos que muitos desses senhores também investiam em aplicações financeiras, títulos bancários e ações em empresas públicas e privadas, o que certamente lhes proporcionou meios de se adequarem à realidade de uma sociedade livre.

Destacaram-se na nobiliarquia campineira um visconde; uma viscondessa, um marquês, nove barões, sendo dois deles da família Ferreira Penteado, com os títulos de Barão de Itatiba e de Ibitinga, pai e filho respectivamente. As residências dessas famílias, os sobrados dos barões, eram uma referência para a elite campineira. Todos queriam copiar os seus modos de morar, de receber; enfim, eram considerados modelos sociais. E, para as outras famílias que pretendiam se

---

53 No Império brasileiro a nobreza de linhagem restringia-se apenas à descendência legítima de D. Pedro I. O processo de formação da nobiliarquia brasileira iniciou-se durante a permanência da Corte portuguesa no Rio de Janeiro, no período de 1808 a 1821. Era atribuição do poder executivo cujo chefe era o Imperador, conceder títulos, honras, ordens militares e distinções em recompensa dos serviços feitos ao Estado. Algumas atividades favoreciam a ascensão nobiliárquica, em geral, ligadas ao serviço público – civil, militar, acadêmico – e ao poder econômico – fazendeiros, comerciantes, banqueiros. A concessão de mercês de nobreza, embora nunca tenha sido regulamentada por uma legislação específica, obedecia a rígidas formalidades. A titulação requerida deveria vir justificada com os respectivos documentos comprobatórios, passados pelos foros legítimos. O processo era encaminhado através da Secretaria do Império e submetido à apreciação do ministro ou do conselho, cabendo ao imperador a aprovação final do pedido. No Brasil, a nobreza não era hereditária. Para que o filho recebesse o título do pai teria de solicitar ao Imperador. Os diversos escalões eram: Barão, Visconde, Conde, Marquês e Duque. VAINFAS, Ronaldo (direção). *Dicionário do Brasil Imperial:*1822-1889. Rio de Janeiro: Objetiva, 2002.

firmar nesse cenário era fundamental seguir os mesmos padrões de comportamento adotados pelos nobres.

Não foram apenas os títulos de nobreza que projetaram os habitantes de Campinas para um reconhecimento nacional. Aqui viveram "ilustres personalidades". Podemos citar Hércules Florence; Antônio Carlos Gomes, maestro e compositor; Manuel Ferraz de Campos Salles, bacharel em direito, influente político local e um dos primeiros presidentes da República do Brasil; Francisco Glicério, importante republicano. Personalidades como Campos Salles, Bento Quirino, Francisco Glicério, entre outros importantes abolicionistas e republicanos, formariam uma nova classe política e social na cidade.

O café definitivamente fixou a vocação política e econômica de Campinas com relação às outras cidades da Província de São Paulo e do país. E esta nova fase marcaria o apogeu do urbano cafeeiro, com importantes repercussões no desenvolvimento da cidade.

A ocupação efetiva da cidade pelos senhores fazendeiros, o aumento populacional com a chegada dos imigrantes e o incremento do comércio aceleraram os melhoramentos urbanos. Como nos relatou o memorialista campineiro Celso Maria de Mello Pupo, foram feitos investimentos que culminaram na melhoria da qualidade de vida de todos os seus moradores, direta ou indiretamente.

> Água, bondes, calçamentos, melhor comércio, medicina e hospitais, Santa Casa para os pobres, e as residências luxuosas que, de simples casas de fins-de-semana e festas religiosas, passaram a ser os lares amplos, cômodos, ricos, para a permanência da família em permuta com as fazendas, que passaram a ser o refúgio para descanso e férias.[54]

---

54 Pupo, *op. cit.*, 1969. p. 156.

Todas essas melhorias urbanas seriam incrementadas pela instalação do telégrafo e do serviço postal que chegaram à cidade com o avanço da ferrovia. Em 1875, a iluminação a gás propiciou aos seus habitantes circularem pelas ruas em horários mais prolongados. As principais ruas foram calçadas com paralelepípedos, facilitando o transito de carroças e bondes movidos por tração animal, constituindo alternativa para o cavalo, a liteira e o trole e "o futuro trânsito de automóveis, 'jardineiras' e bondes elétricos".[55]

Na década de 1870 as atividades culturais na cidade eram frequentes, quer nas residências da aristocracia cafeeira, quer no teatro São Carlos, inaugurado em 1850 e considerado um dos marcos da modernidade em Campinas.[56] Augusto-Emílio Zaluar, em sua passagem por Campinas, em 1861, considerou-o superior ao da Capital da Província. No jornal *Gazeta de Campinas*, encontramos o anúncio da apresentação da Companhia Lyrica Franceza com Buffos Parisienses, sob a direção de O. Carême.[57] No palco do Teatro São Carlos, em 4 de julho de 1886, houve a exibição da peça de Alexandre Dumas Filho, *La Dame aux camélias*, com a famosa Sarah Bernhardt.[58]

---

[55] Abrahão, Fernando Antônio. *Criminalidade e modernização em Campinas:* 1880 a 1930. Dissertação (Mestrado em História) – Instituto de Filosofia e Ciências Humanas, Universidade Estadual de Campinas, Campinas, 2002. p. 45.

[56] Lapa, José R. do Amaral. *A cidade:* os cantos e os antros. Campinas 1850-1900. São Paulo: Edusp, 1995. p. 20.

[57] *Gazeta de Campinas*. Redactor e Proprietário F. Quirino dos Santos. Campinas, ano VII, n. 612, p. 2, 17 de nov. 1875.

[58] Lapa, *op. cit.*, p. 154.

Figura 5 – Interior do Teatro São Carlos, símbolo dos cafeicultores campineiros. Séc. xix. (Coleção MLSPM, MIS–Campinas).

O sentimento de bairrismo era forte entre os campineiros que, orgulhosos e zelosos, classificavam sua cidade entre as mais cultas e progressistas do país. Antes da fundação de colégios na cidade, as famílias mandavam seus filhos e filhas estudarem em colégios internos na cidade de Itu.

As residências urbanas, que na época dos senhores de engenho destinava-se a estadias de finais de semana, festas religiosas ou eventos políticos ou culturais, tornaram-se a moradia efetiva dos fazendeiros, que para elas se transferiram com toda a família e o seu séquito de escravos "de dentro" da casa. Grandes solares e sobrados foram construídos, substituindo-se gradativamente a taipa de pilão e o pau-a-pique pelos tijolos. As platibandas neoclássicas substituem os beirais e janelas em arco. Gradis, bandeiras de ferro e revestimento de azulejos, ornamentavam amplas fachadas, estabelecendo um novo padrão arquitetônico.[59]

---

59 Badaró, *op. cit.*, p. 27-8.

Figura 6 – Nesse período suntuosos sobrados eram construídos recuados ao calçamento, com jardins frontais e laterais. Residência da família Rocha Brito, denominada de Vila Rocha Brito. (Coleção MLSPM, MIS–Campinas).

Para Amaral Lapa, a vida familiar nesses sobrados estava mais para senhorial do que para burguesa, porque foi na cidade que se multiplicaram os exemplares mais acabados de refinamento cultural, de conforto e ostentação, mostrando uma modernização da aristocracia.[60] A nobreza local se autorreconhecia e era reconhecida pela comunidade, vivendo como tal no relacionamento social e procurando, portanto, corresponder ao seu *status* social.

Ao se transferirem para a cidade os fazendeiros trouxeram consigo as festas e uma sociabilidade que impunham uma ritualização e um estilo de vida nas maneiras de morar, se portar, se vestir que as demais famílias procuravam seguir e imitar. Do total de inventários relacionados, do período de 1844 a 1920, em 39 deles as famílias possuíam uma ou mais fazendas e casas na cidade, praticamente a metade dos personagens por nós analisados.

---

60 Lapa, *op. cit.*, p. 104.

Para Celso Maria de Mello Pupo, o gosto pela residência urbana, o cuidado com a decoração, a adoção de um mobiliário mais luxuoso, foi influência direta principalmente da primeira visita de D. Pedro II a Campinas, em 1846. A presença do imperador na cidade mobilizou a todos e acentuou excessivamente o culto pela etiqueta e pelo requinte no seio da burguesia emergente.[61]

Todos os preparativos quando da visita da Imperatriz D. Teresa Cristina e do imperador, ocorrida em agosto de 1875, foi retratada pelo jornal *Gazeta de Campinas* e demonstravam o quanto a cidade procurava se mostrar moderna e agradável aos olhos de S.S. Majestades.

> Viagem Imperial – Ontem, desde pela manhã, diversas ruas da cidade ostentavam-se ornadas de arcos, bandeiras e ramagens, erguendo-se no largo da matriz da Conceição [...]. Além disso destacavam-se desde logo os preparativos para uma esplêndida iluminação a gás pelas ruas Direita, do Comércio, referido largo da matriz da Conceição, de Santa Cruz, paço da câmara municipal, casa do comendador Joaquim Bonifácio, destinada para o aposento dos imperiais visitantes [...].
>
> Depois de algum repouso, S.M. dirigiu-se a visitar os colégios – Culto à Ciência e Internacional, o importante estabelecimento e fabricas dos srs. Bierrenbach & Irmão, bem como o do sr. Sampaio Peixoto, o hospital de misericórdia e outros edifícios.[62]

---

61 Pupo, Celso Maria de Mello. *Campinas, município no Império:* fundação e constituição, usos familiares, engenhos e fazendas. São Paulo: Imprensa Oficial do Estado, 1983, p. 45-50.

62 Gazeta de Campinas *Apud* Mendes, José de Castro. *Efemérides Campineiras* (1739-1960). [Campinas: 19--]. p. 53-4.

Um ano após a segunda visita do Imperador, o senhor Joaquim Bonifácio do Amaral, seu anfitrião, foi agraciado com o título de Barão de Indaiatuba.

José Roberto do Amaral Lapa considerou que houve um aburguesamento da sociedade, beneficiando o capitalismo europeu que exportava bens materiais e sociais para uma sociedade ávida pelos seus modelos e valores.[63]

A modernidade iria afrancesar o comércio de artigos finos, contribuindo para alterar o estilo de vida das camadas mais altas da sociedade local. O comércio da cidade expandiu-se nesse período e, a partir da década de 1880, os viajantes de passagem pela cidade ou os moradores de alto poder econômico, já podiam saborear iguarias servidas pelos restaurantes de estilo francês, como o Des Pirines ou o próprio Restaurant de France, localizados em frente ao cine Rink.[64] A hospedagem desses transeuntes ficava a cargo dos hotéis existentes em Campinas na época. O senhor Antônio Chinaglia e sua esposa D. Marieta Chinaglia, esmeravam-se nos cuidados aos seus hóspedes no Hotel e Restaurante Victoria de sua propriedade, à rua Treze de Maio.[65]

---

63 Aburguesamento aqui não deve ser entendido como discussão das classes sociais – burguesia, proletariado – mas sim, um estado de sociedade onde a nobreza procurava seguir padrões europeus de comportamento. Lapa, *op. cit.*, p. 103.

64 *Ibidem*, p. 283.

65 Verificamos que os bens deixados pelo falecido Chinaglia não foram suficientes para o pagamento dos credores. Inventário TJC, 4.Ofício, 1892, Cx. 285, Proc. 5325, fl.14.

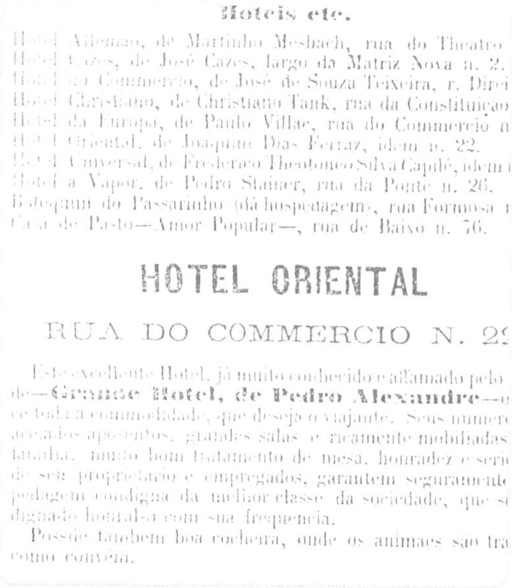

Figura 7 – Nos almanaques publicados em Campinas constavam os comércios estabelecidos na cidade. Observemos a preocupação do Hotel Oriental em demonstrar superioridade perante seus concorrentes. Em 1871, José Maria Lisboa relacionou 10 hotéis. (Almanaque de Campinas para 1871, p.57).

Para Amaral Lapa:

> Campinas sabe aproveitar a acumulação cafeeira que se acelera, amplia e reestrutura a ocupação do solo urbano, modernizando seus equipamentos e serviços e, em consequência, mudando o estilo de vida da maioria dos seus moradores.[66]

---

66 Lapa, *op. cit.*, p. 20.

Figura 8 – Estabelecimento comercial especializado em vendas de louças, cristais, porcelanas, gêneros alimentícios e miudezas. Campinas, década de 1870. (Inventário TJC, 2.Ofício, 1871, Cx. 255, Proc. 5565. fl.45. Arquivos Históricos CMU–Unicamp).

A atmosfera cultural estava também presente na Campinas da segunda metade do século XIX. As famílias não precisavam mais mandar seus filhos e filhas estudarem fora da cidade, porque boas escolas já estavam sendo instaladas. O primeiro internato para meninos foi aberto na fazenda Laranjal, hoje Distrito de Joaquim Egídio, pelo professor João Batista Pupo de Morais, em 1862. No ano seguinte, o Colégio Florence, para meninas.[67] Em 1874, o Colégio Culto a Ciência " destinado a rapazes e fundamentado em ideais positivistas e maçons."[68] E o Liceu Nossa Senhora Auxiliadora, de 1892.[69]

Por iniciativa do Barão de Itatiba, em 15 de maio de 1881 foi inaugurada a Escola Ferreira Penteado, também chamada de "Escola do Povo", destinada a oferecer ensino primário gratuito a meninos pobres. Ele e a família criaram e mantiveram as escolas Ferreira Filho e o Colégio Ferreira de Camargo.[70] No seu inventário, o avaliador o intitulou como

---

67 Pupo, *op. cit.*, 1969. p.158; Pupo, *op. cit.*, 1983. p. 46.

68 Lapa, *op. cit.*, p. 173.

69 Pupo, *op. cit.*, 1983. p. 46.

70 Lapa, *op. cit.*, p. 176.

mantenedor de uma escola e que seus dois filhos mais novos Eugenio Xavier de Camargo Andrade, de 17 anos e Álvaro Xavier de Camargo Andrade Junior, de 15 anos estudavam e moravam no Colégio Ferreira de Camargo.[71]

Figura 9 – Escola do Povo, cujo objetivo era oferecer ensino gratuito aos meninos de Campinas. Iniciativa de Joaquim Ferreira Penteado. (c. 1890. Coleção BMC, MIS–Campinas). Detalhe do frontão da escola. 2003. (Ângelo Pessoa).

---

71 Inventário TJC, 1.Ofício, 1884, Cx. 323, Proc. 5224, fl.5.

A efervescência cultural da cidade pode ser mensurada pelo número de suas livrarias, sendo as mais importantes: Casa Genoud, Casa Mascotti, Casa Livro Azul,[72] Livraria de Aníbal Pace e Livraria Garraux.[73]

A adoção de hábitos e costumes burgueses pela aristocracia agrária, antes mesmo da formação de uma burguesia nacional, se deu através do incipiente processo de industrialização pelo qual passou a cidade na década de 1850.

Ema Rodrigues Camillo apontou em seu livro que, entre o período de 1852 a 1887, Campinas contava com 34 fábricas. Os principais ramos de atividade eram os produtos metal-mecânicos e de transporte (veículo de tração animal) que, em conjunto, representavam um terço do total das empresas arroladas. Havia também fábricas de produtos alimentícios, bebidas (cerveja), de chapéus, de móveis, de calçados, couros, óleos vegetais, sabões e velas.[74]

Em 1860, Augusto-Emílio Zaluar arrolou, na cidade de Campinas, 64 lojas de fazendas e ferragens, 20 armazéns de gêneros de fora e 110 tavernas. Além do comércio existente, citou três fábricas de licores, duas de cerveja, uma de velas de cera, uma de chapéus.[75] Em 1874,

---

[72] Em publicação recente, Maria Lygia Cardoso Köpke Santos resgatou a história desta livraria, editora e papelaria fundada pelo campineiro Antonio Benedito de Castro Mendes, em 14 de novembro de 1876. Santos, Maria Lygia Cardoso Köpke. *Entre louças, pianos, livros e impressos:* a Casa Livro Azul – 1876-1958. Campinas: CMU Publicações/Unicamp, Arte Escrita Editora, 2007. Sobre as manifestações artísticas e culturais da cidade de Campinas ver também: Lapa, *op. cit.*, p. 157-61; e, Karastojanov, *op. cit.*, p. 115.

[73] A Livraria Garraux, preocupada em atrair o público, anunciava no jornal *Gazeta de Campinas*. Redactor e Proprietário F. Quirino dos Santos. Campinas, ano VII, n. 605, p. 2, 9 nov.1875.

[74] Camillo, Ema E. Rodrigues. *Guia histórico da indústria nascente em Campinas (1850-1887)*. Campinas: Centro de Memória, Mercado de Letras, 1998.

[75] Zaluar, *op. cit.*, p. 133-44.

a senhora Ana Brandina Opalka, casada com o húngaro Alberto Opalka, era proprietária da fábrica de chapéus Opalka, localizada na rua Lusitana.[76] Seus concorrentes diretos neste período eram Bierrembach & Irmão e Friedrich Hempel & Cia., este último com estabelecimento à rua Goes, número 16A.[77]

O processo de industrialização da cidade teve êxito porque os interesses dos fazendeiros concordavam com o dos imigrantes. Para uma cidade que progredia e cujos padrões culturais se transformavam, embelezar-se, possuir o mesmo gosto dominante na Europa e mostrar-se moderna significava questão de honra para seus moradores.

A fundição de Luís Faber fornecia grande sortimento de ornamentos para os palacetes dos barões de café; dentre eles, esmeris, grades, portões, candelabros. Em seu inventário, o avaliador descreveu entre os bens a serem partilhados, muitos dos equipamentos existentes em sua fundição. Citando apenas alguns, encontramos: torno mecânico com ferramenta, vapor vertical, ventilador de ferro para fundição; dentre as ferramentas estavam tarrachas completas, tornos de mão, turquesas, esquadros finos; além de quilos de metal divididos em barras de ferro para carroça, chapas de ferro para fogão, pés para bancos e 24 alfabetos completos sortidos para tipografia, dentre outros.[78]

Em 1886, o Imperador D. Pedro II visitou Campinas pela última vez e nesta ocasião foi conhecer a fundição de ferro e bronze de Luís Faber. Sua esposas, D. Augusta Faber e seus dois filhos, continuaram o negócio

---

76 Dentre os bens deixados pela falecida havia grande quantidade de chapéus prontos para a venda, além de matéria-prima para a confecção dos mesmos. Inventário TJC, 4.Ofício, 1874, Cx. 226, Proc. 4688.

77 Lisboa, José Maria (org.). *Almanaque de Campinas para 1873*. Campinas: Typ da Gazeta de Campinas, 1872, p. 63.

78 Inventário TJC, 3.Ofício, 1878, Cx. 461, Proc. 7348, fls.13v-16v.

mesmo depois do falecimento do senhor Faber, porém sob a razão social de Viúva Faber & Filhos, anunciado nos jornais da cidade.[79]

Figura 10 – Nota Fiscal da Fundição Faber e anúncio veiculado no jornal Diário de Campinas[80]

Outra importante referência de pequena empresa foi a Marcenaria, Carpintaria e Madeiras Krug, de Francisco Krug, marceneiro artístico como o pai, que faleceu na primeira epidemia de febre amarela, em 30 de março de 1889. Segundo Andrea Mara Souto Karastojanov, ele possuía boa freguesia e mandou vir da Alemanha hábeis oficiais, entre os quais um velho empregado de seu pai.[81] Seu pai, João Henrique Krug, pertenceu à classe média alemã e era proprietário de um estabelecimento que produzia mosaicos de madeira.[82]

No inventário de Francisco consta farta relação dos bens produzidos no seu ofício de marceneiro/serreiro. Na sua oficina, dentre os

---

79 Camillo, *op. cit.*, p. 44-6.

80 Essa nota fiscal estava anexada ao inventário. Inventário TJC, 3.Ofício, 1889, Cx. 492, Proc. 7549. fl.56. O anúncio foi veiculado por um dos jornais em circulação na cidade. Diário de Campinas. Campinas, 6 de dezembro de 1889.

81 Karastojanov, *op. cit.*, p. 202.

82 Ribeiro, *op. cit.*, p. 17.

objetos arrolados encontramos, como ferraria: "foles, tornos de ferro e todos os mais utensílios; carroções e rodas; 800 quilos de ferro"; como serraria: serras circulares, plaina e pertences, vapor de oito cavalos, "máquina de furar e de serrar"; como marcenaria: batentes, folhas de porta; como depósito de madeiras e móveis: dúzias de "vigottas" e soalho e forro; pranchões de cabriuva e jacarandá, carroções, trolly, cento e oitenta cadeiras, marquezas, cadeiras lisas, cadeiras de braços, mesas e aparadores.[83]

A partir de 1889, Campinas sofreu com três surtos consecutivos de febre amarela que assolaram a cidade, interrompendo a longa fase de prosperidade que a havia colocado como a principal força econômica da província, superando mesmo a capital em diversos parâmetros quantitativos e qualitativos da vida urbana, conforme bem demonstram os minuciosos dados registrados no *Almanaque da Província de São Paulo para 1873*.[84]

A cidade viveu um período de intenso êxodo de seus habitantes, que se recolhiam às fazendas ou se mudavam para novas regiões cafeeiras, como São Carlos, Descalvado, Araraquara, Jaboticabal, e mesmo para a cidade São Paulo, então em processo de industrialização. Eles levaram, definitivamente, além dos objetos da moradia, negócios e grande volume de recursos financeiros.[85]

Essas epidemias fizeram Campinas vivenciar uma lacuna cultural, social e econômica, deixando-a momentaneamente paralisada. Era como se a tradição, os hábitos e costumes migrassem com as famílias para outras localidades do estado de São Paulo.

Uma prova de seu potencial de recuperação e, ainda nos referindo a contribuição de imigrantes alemães, temos a família Wohnrath, proprietária de uma olaria, dentre as várias então estabelecidas. O seu proprietário,

---

83 Inventário TJC, 3.Ofício, 1889, Cx. 492, Proc. 7549, fls.14-15v.

84 Badaró, *op. cit.*, p. 30

85 *Ibidem*, p. 30-1.

o senhor Martinho, ao falecer, deixou em estoque grande quantidade de telhas, destinadas a novas construções e melhorias urbanas que se processavam após os surtos de febre amarela.[86]

Com base em nossas pesquisas, podemos afirmar que esta cidade sofreu um processo de modernização, mesmo passando por momentos de crise, mas que refletiram diretamente nas condições sociais, culturais e econômicas da sua população. Campinas soube aproveitar os bons e maus momentos para estabelecer-se ao longo dos tempos como uma das cidades mais prósperas do estado de São Paulo.

No que diz respeito ao saneamento básico temos em 1887, a fundação da Cia. Campineira de Águas e Esgotos com o objetivo de abastecer as casas da cidade. Mas, apenas em 1891, a água tratada chegou para consumo da população. Importantes hospitais, dotados de instalações modernas, foram colocados à disposição da população, a Santa Casa e o Hospital Irmãos Penteado, em 1876, a Beneficência Portuguesa, em 1879 e o Circolo Italiani Uniti, em 1884, cuja planta era de autoria do arquiteto Ramos de Azevedo.[87]

Na virada do século xx sua população continuou crescendo, em 1920 atingiu cerca de 115.000 habitantes, bem inferior ao da capital, mas a economia se diversificava.[88] A concentração urbana gerou um aumento das atividades comerciais e industriais. Com a introdução da energia elétrica como força motriz em 1905, a industrialização se acentuou com a instalação de indústrias de produção de tecidos, chapéus, fábrica de fogões, artefatos de ferro, papéis, cerâmicas etc.[89]

No âmbito do planejamento urbano, novas áreas foram loteadas, para a implantação de bairros e vilas operárias, como por exemplo, a

---

86 Inventário TJC, 1.Ofício, 1902, Cx. 464, Proc. 6813, fl.14.

87 Badaró, *op. cit.*, p.27; Lapa, *op. cit.*, p. 273.

88 Baeninger, *op. cit.*, p. 39.

89 Badaró, *op. cit.*, p. 34-5.

Vila Industrial.[90] Nas décadas de 40, 50, Campinas ressurgiu como um pólo econômico, mas procurando resgatar e preservar sua identidade e a significação cultural do campineiro de outrora.

Figura 11 – A paisagem da vila operária, sistema habitacional concebido no início do século XX para os ferroviários. Vista da Vila Industrial. (c.a. 1910. Coleção AP, MIS–Campinas).

Figura 12 – Exemplar de uma das casas da Vila Industrial. (c. 1910. Coleção AP, MIS–Campinas).

---

90 Abrahão, *op. cit.*, p. 46-7.

Capítulo II

A casa nos inventários campineiros: arquitetura, mobiliário e utensílios domésticos da segunda metade do século XIX

Figura 13 – Sala de estar da Fazenda Santa Maria.

Figura 14 – Sala de jantar da Fazenda Santa Maria.

A casa: o conceito de habitar

O olhar atento reconhece imediatamente a confusão dos fragmentos do "romance familiar", o traço de uma encenação destinada a dar uma certa imagem de si, mas também a confissão involuntária de uma maneira mais íntima de viver e de sonhar. Neste lugar próprio [a casa] flutua como que um perfume secreto, que fala do tempo perdido, do tempo que jamais voltará, que fala também de um outro tempo que ainda virá, um dia, quem sabe.

Michel de Certeau e Luce Giard[1]

---

1 Certeau, Michel de; Giard, Luce. Espaços privados. In: Certeau, Michel; Giard, Luce; Mayol, Pierre. *A invenção do cotidiano*, 3ª ed. Petrópolis: Vozes, 2000, p. 204. (v. 2: Morar e cozinhar)

> a casa não vive somente no dia-a-dia, no curso de uma história, na narrativa da nossa história. Pelos sonhos, as diversas moradas de nossa vida se interpenetram e se guardam os tesouros dos dias antigos.
>
> *Gaston Bachelard*[2]

Pensar a casa é imediatamente relacioná-la ao aconchego de nossa família, ao nosso abrigo. Desde os tempos mais remotos a casa está no centro da vida comum para o homem e tornou-se a marca mais visível da ocupação humana, protegendo-o e favorecendo sua vida no aspecto material e espiritual.[3] A definição de casa, do ponto de vista arquitetônico, seria um edifício de um ou mais andares destinado à morada. Porém, esse edifício, em princípio frio e estático, revela-nos, através dos fragmentos da cultura material, da disposição dos móveis, da cor das paredes, nos objetos de decoração ali presentes, como a personalidade e a maneira de ser de seus ocupantes estava implícita ao ambiente.[4]

Fernand Braudel, segundo Daniel Roche, situava a casa entre os consumos necessários e os supérfluos,[5] convidando a julgar na moradia a parte respectiva das permanências e das mudanças, a intervenção do tempo.[6] Para Braudel uma casa, seja ela qual for, dura e não pára de testemunhar a lentidão das civilizações, de culturas obstinadas em conservar, em manter, em repetir."[7]

---

2 Bachelard, Gaston. *A poética do espaço*. São Paulo: Martins Fontes, 1989, p. 25.

3 Roche, Daniel. *História das coisas banais*: nascimento do consumo séc. XVII-XIX. Rio de Janeiro: Rocco, 2000, p. 116.

4 Certeau; Giard, *op. cit.*, 2000.

5 *Idem*.

6 Roche, *op. cit.*, p. 115.

7 Braudel dedicou um capítulo específico à casa, em sua obra *Civilização material, economia e capitalismo, séculos XV-XVIII*. Para o autor, a casa era um exemplo de

O sociólogo Gilberto Freyre considera a habitação como uma das influências sociais que atuam mais poderosamente sobre o homem.[8] A casa desvenda, antes de mais nada, as manifestações cotidianas, os costumes de seus residentes, sejam eles unidos por laços de parentesco ou por outras formas de vínculo, onde cada um cumpre um papel definido segundo o seu sexo, idade ou hierarquia no quadro da estrutura familiar e social. Nas residências as pessoas descansam, comem, nascem, morrem e guardam objetos que compõem o palco cotidiano de todas essas cenas da vida privada e das aprendizagens mais pessoais.[9]

Com a ideia de civilidade a casa deixou de ser simplesmente um abrigo contra as intempéries e adversidades e passou a ter um significado mais amplo, o de habitação, de um lar propriamente dito. A palavra *home* passou a significar não só a materialidade, a construção, mas tudo que nele estava inserido.[10] O lar seria o domínio privado por excelência, fundamento material e espiritual da família e pilar da ordem social. Para a historiadora Michelle Perrot "a casa é o sítio de uma memória fundamental que nosso imaginário

---

permanência, porque sua finalidade era sempre a mesma: atender às necessidades e ao conforto dos homens, mesmo podendo nela detectar uma evolução dos gostos, da arquitetura dos móveis. Braudel, Fernand. *Civilização material, economia e capitalismo, séculos XV-XVIII*. São Paulo: Martins Fontes, 1995. v. 1, p. 238.

8 Freyre, Gilberto. *Sobrados e Mucambos*: decadência do patriarcado rural e desenvolvimento do urbano. São Paulo: Global, 2003, p. 269.

9 Martins, Valter. *Nem senhores, nem escravos*: os pequenos agricultores em Campinas (1800-1850). Campinas: Centro de Memória–Unicamp, 1996, p. 108. (Coleção Campiniana, 10).

10 Perrot, Michelle. Maneiras de morar. In: Perrot, Michelle. *História da vida privada*. São Paulo: Companhia das Letras, 2003, p. 306-23 (v. 4: Da Revolução Francesa à Primeira Guerra).

habita para sempre.[11] Esse papel de acolhimento e segurança atravessou as eras e permaneceu nas consciências humanas.[12]

A arqueologia do *habitat* nos conduz à civilização material.[13] A observação da materialidade presente nas habitações, da ordem e disposição dos seus aposentos, do mobiliário e dos ornamentos de decoração, possibilitou-nos indagar sobre o cotidiano dos seus ocupantes, dos códigos e símbolos presentes nesse ambiente familiar, remetendo-nos a uma análise minuciosa das condutas e comportamentos de seus moradores.[14]

A casa, produto do tempo e produtora de temporalidades diversas, integrava-se a todos os movimentos econômicos e sociais que transformavam o mundo. Para Daniel Roche, o lar

> designava ao mesmo tempo vida em comum de um casal, a casa e seu interior, a manutenção, misturando dimensão biológica, afetiva, comunidade de vida e de trabalho, de maneira ainda mais forte.[15]

A partir de um movimento de interiorização de práticas cotidianas e de vida privada, protagonizado pela pequena burguesia, originalmente europeia e depois difundida para os outros continentes, a casa transformou-se em um espaço consagrado ao íntimo no qual o homem desenvolve, longe dos olhares públicos ou de estranhos, uma

---

11 *Ibidem*, p. 321.

12 Roche, *op. cit.*, p. 117.

13 Vovelle, Michel. A história e a longa duração. In: Le Goff, Jacques. *A história nova*. São Paulo: Martins Fontes, 2001, p. 68-97.

14 Capel, Heloísa. Cozinha como espaço de contra poder feminino. *Fragmentos de cultura*, Goiânia, v. 14, n. 6, p. 1183-1191, jun. 2004.

15 Roche, *op. cit.*, p.119.

série de atividades relacionadas à sobrevivência e à manutenção do corpo e do espírito.[16]

O desejo de privacidade só ficou mais explícito após a separação dos aposentos dos senhores, dos seus criados e das crianças. No entender de Philippe Ariès, essa problemática do público e do privado reduziu toda a história da vida privada a uma mudança na sociabilidade, "à substituição de uma sociabilidade anônima – a da rua, do pátio do castelo, da praça, da comunidade – por uma sociabilidade restrita que se confunde com a família, ou ainda com o próprio indivíduo."[17]

Em *O declínio do homem público*, Richard Sennett abordou essa temática das fronteiras entre o público e o privado e concluiu que a individualidade só se formou a partir do século XIX. Antes disso, "o domínio próximo ao eu não era considerado como o reino da expressão da personalidade única ou distintiva; o privado e o individual ainda não se haviam unido."[18] Para o autor, essas questões estavam relacionadas à construção da consciência de intimidade, conforto e privacidade, e para ele essas mudanças não aconteceram da noite para o dia, mas sim, com as transformações ocorridas nas condições da vida doméstica e nos âmbitos sociais e culturais.[19]

A casa moderna definiu a esfera da domesticidade e deixou de ser somente um abrigo diante dos elementos da natureza ou a proteção contra o invasor, duas importantes funções, para tornar-se o ambiente de uma unidade nova e compacta: a família, que trouxe com ela o isolamento,

---

16 Homem, Maria Cecília Naclério. *O palacete paulistano e outras formas de morar da elite cafeeira*: 1867-1918. São Paulo; Martins Fontes, 1996, p. 23.

17 Ariès, Philippe. Por uma história da vida privada. In: Ariès, Philippe†; Chartier, Roger. *História da vida privada*. São Paulo. Companhia das Letras, 1999, p. 16 (v. 3: Da Renascença ao Século das luzes).

18 Sennett, Richard. *O declínio do homem público:* as tiranias da intimidade. São Paulo: Companhia das Letras, 1998, p. 117.

19 *Ibidem*, p. 117-37.

a privacidade. Nesse novo ambiente, identificamos as mudanças não só estruturais, mas, principalmente, nas maneiras de morar e como nesse novo "lar" permitiu mais uma novidade: a noção de conforto.[20]

As transformações arquitetônicas ocorridas nas casas europeias e paulistas de finais do século XVIII e início do XIX

Segundo Philippe Ariès, a casa permaneceu relativamente estável dos séculos XII ao XV, e desde então não parou de se transformar até os dias atuais. A partir de novas soluções arquitetônicas ocorreu o surgimento de pequenos espaços, que a princípio eram apêndices dos aposentos principais, mas que logo conquistaram autonomia. São eles: gabinete, alcovas, *ruelle*.[21] Novos espaços de comunicação foram introduzidos permitindo entrar ou sair de um cômodo sem passar por outro (escada privativa, corredores, *hall* de entrada) e houve uma preocupação com a distribuição da luz.[22]

No final do século XVIII, nas casas burguesas francesas, uma mudança bastante significativa foi adotada e viria se tornar um padrão ocidental de moradia. Trata-se da criação de uma área de serviço, normalmente localizada nos fundos da residência, onde a circulação dos criados ficava isolada e evitava o contato constante de pessoas estranhas, entregadores de alimentos, por exemplo, com os moradores da residência. Essa alteração, segundo Daniel Roche, "aparece como o resultado da

---

20 Tonon, Maria Joana. *Palácio dos azulejos:* de residência à paço municipal – 1878-1968. Dissertação (Mestrado em História) – Instituto de Filosofia e Ciências Humanas, Campinas, 2003.

21 O espaço entre a cama e a parede.

22 Ariès, Philippe. Por uma história da vida privada. In: Ariès, Philippe† ; Chartier, Roger, *op. cit.*, p. 13.

transformação geral dos caminhos na moradia aristocrática e burguesa, para a separação e a reclusão".[23]

Com a habitação burguesa do século XIX surgiram novos espaços privados nas casas da elite, ou seja, ocorreu uma compartimentação do espaço doméstico. O que anteriormente eram peças de mobiliário transformou-se em um ambiente específico.[24] A questão linguística deve ser salientada no que diz respeito aos termos empregados, quer em diferentes línguas europeias ou na língua portuguesa, porque possuíam um sentido dúbio. Uma mesma palavra poderia significar um móvel ou um aposento. Dois exemplos são bastante elucidativos: o gabinete ou escritório eram termos que faziam referência a um pequeno cômodo, reservado ao dono da casa, permanecendo constantemente trancado e localizado próximo ao seu quarto. Quanto à biblioteca ou *studiolo,* indicavam um móvel com gavetas para guardar documentos e também utilizado para a escrita e a leitura.

A cozinha também é um exemplo típico dessa interpretação ambígua das palavras presentes em nosso vocabulário. É um dos cômodos da casa que, quando separado da sala, o significado do termo torna-se ambíguo, porque ora pode referir-se ao local de preparação dos alimentos, ora aos alimentos cozidos, prontos para o consumo.[25] Mas, independentemente dessa questão, o ato de alimentar-se sempre esteve intimamente relacionado com a sociabilidade, com convívio social.

Os quartos e alcovas, aposentos que ficavam dispostos em uma parte da casa distante do olhar de estranhos, eram cômodos restritos à intimidade, destinados ao descanso, ao sexo e para à higiene.[26] Daniel Roche observou que no decorrer do século XVIII, na França, a posição do leito

---

23 Roche, *op. cit.*, p. 123.

24 Ranum, Orest. Os refúgios da intimidade. In: Ariès, Philippe† ; Chartier, Roger, *op. cit.*, p. 214.

25 *Idem*, p. 214.

26 *Ibidem*, p. 228.

mudou e que o quarto se tornou um local repleto de minúsculas bibliotecas, mesinhas, aparadores e biombos.[27] Nesse cômodo havia uma multiplicidade de funções, utilizado não somente para o descanso, mas também como um espaço de leitura, para o isolamento e para a guarda de documentos e de objetos que deveriam ficar fora do alcance de pessoas alheias à família.[28]

A criação de casas compartimentadas, quartos separados para pais e filhos, demarcações entre os locais onde se cozinhava e o local onde se comia, associado à ideia de um espaço diferente onde os homens trabalhavam, influenciaram na maneira de morar, com grande repercussão sobre as mobílias. Livros e guias orientavam as famílias europeias sobre o gosto burguês nas questões relativas à arquitetura e ao mobiliário.[29] Essas transformações estruturais ocorridas nas residências europeias nos séculos XVIII e XIX, tiveram seus reflexos nas casas paulistas.

As construções de estilo bandeirista da província de São Paulo do século XVIII eram simples e com poucos cômodos; não havia corredores internos, e a passagem de um aposento ao outro se dava diretamente. Na parte frontal da casa encontrava-se um alpendre e, quando esta pertencia a uma família mais rica, era comum a existência de uma capela ou alcova destinada a abrigar hóspedes que porventura necessitassem pernoitar. Tanto a capela como a alcova não possuíam porta de comunicação com o corpo principal da casa. Na parte de trás da residência havia uma varanda estrategicamente localizada próxima aos rios ou minas, facilitando o transporte da água necessária ao consumo diário da família.

---

27 Roche, Daniel. *O povo de Paris:* ensaio como a cultura popular no século XVIII. São Paulo: Edusp, 2004. p. 143-79.

28 Ranum, *op. cit.*, p. 223-230.

29 Hall, Catherine. Sweet home. In: Perrot, Michelle. *História da vida privada*. São Paulo: Companhia. das Letras, 2003. (v. 4: Da Revolução Francesa à Primeira Guerra), p. 69.

As mudanças na arquitetura interna das residências paulistas ocorreram de fato a partir do ciclo açucareiro, finais do século XVIII e início do XIX, tornando-as mais amplas, com um maior número de cômodos e janelas. Iniciou-se a compartimentação dessas residências; cada aposento possuía funções específicas às atividades cotidianas.

A sala, considerada o espaço primordial do *habitat* nas casas do final do século XVIII, era também denominada "varanda", servindo como sala de visita, de jantar e de almoço. Nessa varanda havia uma grande mesa de madeira utilizada para as refeições da família e de seus convidados, cavaletes e bancos, a lareira ou o forno e os utensílios de cozinha. Esse cômodo talvez seja uma das principais características de ordem cultural da casa roceira paulista, porque era um ambiente aglutinador, onde todos se sentavam ao pé do fogo e em volta de uma grande mesa não só para se alimentar, mas para conversar.[30] Para Carlos Lemos, nessa sala com vezes de cozinha: "todos se reuniam à volta da enorme mesa, ao redor do fogo aceso no chão, sobretudo nos dias frios".[31]

O *hall* assumiu uma função semelhante à da sala de visitas. Nesse ambiente, os senhores de engenho recebiam os seus amigos mais próximos e, muitas vezes, era nesse cômodo que negociavam sua produção agrícola.

---

[30] Sobre esse assunto vários autores podem ser objeto de leitura. Citamos Pires, Cornélio. *Conversas ao pé do fogo:* páginas regionais, 3ª ed. São Paulo: Companhia Editora. Nacional, 1927; Maluf, Marina. *Ruídos da memória.* São Paulo: ed. Siciliano, 1995. Barros, Maria Paes de. *No tempo de dantes,* 2ª ed. São Paulo: Paz e Terra, 1998.

[31] Lemos, Carlos A. C. *Casa Paulista:* história das moradias anteriores ao ecletismo trazido pelo café. São Paulo: Edusp, 1999, p. 207.

Figura 15 – Móvel típico do *hall* o porta-chapéus, em algumas versões servia também como banco. Séc. xix. (Acervo da família Rizzardo Ulson).

Nas casas da população mais pobre, o número de cômodos era reduzido, normalmente composto de uma sala, dormitório, despensa e cozinha. Os aposentos não eram suficientes para o desempenho individualizado de cada uma das atividades cotidianas. O gabinete ou escritório inexistia e em seu lugar eram utilizados móveis como caixas, canastras ou escrivaninhas com fechaduras e chaves, onde os proprietários guardavam cartas, papéis, contas. Nesse móvel também eram guardadas as roupas de cama e mesa da família.

Figura 16 – Modelo de canastra, também conhecido por baú, era usada pelos portugueses e bandeirantes. O Capitão João Francisco de Andrade deixou para sua esposa um par de canastras encouradas no valor de 6$000, em 1836. Séc. XVIII e XIX. (Acervo Museu da Cidade de Ubatuba, SP).

As cozinhas, tanto nas casas das famílias da elite açucareira como das camadas mais pobres da população, ficavam dispostas em uma área externa ao prédio principal, em uma espécie de rancho. Isso evitava que o cheiro e a fuligem adentrassem ao corpo principal da residência. Esse traço foi uma marca e herança do bandeirismo.[32]

A simplicidade dos interiores das residências paulistas do início do século XVIII deu lugar a outros sinais de distinção. As camadas mais abastadas construíam suas casas valendo-se de recursos arquitetônicos europeus, como por exemplo, nos beirais dessas residências vemos os "cachorros"[33] torneados em madeira nobre, além da porta principal também receber incrustações, trabalhos delicados de carpintaria. Nessa época os convidados eram recebidos na varan-

---

32 Esse tema foi abordado por Lemos, Carlos. *Cozinhas e etc*: um estudo sobre as zonas de serviço da casa paulista. São Paulo: Perspectiva, 1976. (Coleção Debates).

33 Os cachorros são os detalhes em madeira que compõem os beirais das casas.

da e, portanto, os sinais de luxo e distinção social deveriam estar localizados nas partes externas da casa.[34]

Em Campinas, nas residências urbanas e rurais, as alterações arquitetônicas e os luxos de seus interiores alteraram-se significativamente a partir da década de 1830, quer seja por questões econômicas, a riqueza gerada pelos ciclos do açúcar e posteriormente o cafeeiro, ou pela influência europeia amplamente divulgada entre os campineiros.

Com a Revolução Industrial na Inglaterra de meados do século XVIII, novas técnicas construtivas e novos equipamentos foram incorporados às construções das casas paulistas.[35] Um aspecto importante foi a popularização do uso de vidros lisos ou lapidados nessas novas habitações. As rótulas foram paulatinamente substituídas por janelas envidraçadas permitindo uma maior luminosidade dos cômodos, o que na visão de Gilberto Freyre foi um requinte que surgiu nos sobrados e até nas casas grandes de São Paulo e Minas Gerais. Saint-Hilaire, segundo Freyre, notou que em São Paulo era raro o sobrado em que as janelas não fossem envidraçadas; somente nas casas menores é que a presença das rótulas eram mais evidentes.[36]

Para Freyre, a colocação de vidraças melhorou as condições de luz no interior dos edifícios e contribuiu, assim, para a extensão tanto da convivência doméstica como do trabalho intelectual e fabril, comercial e burocrático.[37]

---

34 Marins, Paulo César Garcez. Habitação em São Paulo no século XVIII e nas décadas iniciais do XIX. In: *Habitação em São Paulo:* história dos espaços e formas de morar. São Paulo: Curso de extensão universitária na modalidade de Difusão. Pró-Reitoria de Cultura e Extensão Universitária, USP.

35 Sobre esse tema das transformações ocorridas no espaço habitacional com a incorporação de novos modelos construtivos ver: Lemos, Carlos. Transformações do espaço habitacional ocorridas na arquitetura brasileira do século XIX. *Anais do Museu Paulista*: nova série, n. 1, 1993.

36 Freyre, *op. cit.*, 2003, p. 309-10.

37 Freyre, Gilberto. *Ingleses no Brasil:* aspectos da influência britânica sobre a vida, a paisagem e a cultura do Brasil, 3ª ed. Rio de Janeiro: TopBooks , 2000, p. 205.

Figura 17 – Casa em que nasceu Carlos Gomes construída sem recuo e com janelas de rótula. Início do séc. XIX. (Coleção BMC, MIS–Campinas).

A vidraça das janelas, em substituição às rótulas de madeira, promoveu uma alteração nos valores familiares. Como as casas eram construídas sem recuos, os cômodos da frente, as salas de visitas, de jantar ou de música, ficavam expostas aos olhares dos transeuntes. Descortinou-se o espaço privado aos olhares públicos. Isso significou aos mais ricos exibirem-se nesses ambientes; sua mobília mais cara e luxuosa tornou-se sinal de ostentação. Por outro lado, nas residências das camadas pobres da sociedade isso significou expor sua pobreza, a precariedade de seus lares, gerando um desconforto para essas famílias.[38]

Nesse livro ou ensaio, como costumava intitular seus trabalhos, o autor utilizou anúncios de jornais e cartas de cônsules, procurando estudar a influência recebida dos mecânicos, foguistas, maquinistas etc., do que considerava importante para a constituição de uma identidade a interpenetração cultural, criadora de novas formas de expressão nacional.

38 Marins, Paulo César Garcez. *Através da rótula*: sociedade e arquitetura urbana no

As cidades coloniais, como Campinas e São Paulo, foram cedendo lugar à cidade aristocrática que aspirava a modernidade burguesa; portanto, cuidados com a ventilação e iluminação natural nos diversos cômodos das casas, além das questões ligadas a salubridade, não poderiam deixar de ser observados pelos proprietários e autoridades locais. O avanço nas pesquisas e no conhecimento bacteriológico e as observações dos médicos, principalmente os formados na Europa, contribuíram para a adoção de medidas básicas de saúde pública pelas autoridades locais.[39] Segundo Carlos Lemos, com a instalação da República no Brasil surgiram leis e códigos que impuseram condições mínimas na organização espacial das casas.[40]

Os códigos de posturas de Campinas,[41] regulamentados pelo Serviço Sanitário do Estado, tinham por objetivo regular e disciplinar toda a vida na cidade. Eles determinavam como deveriam ser as construções de casas e edifícios (tamanho, ventilação, material de revestimento das paredes, piso etc.); como calçar e limpar as ruas da cidade; o controle sobre todos os "negócios" existentes na cidade, desde a venda de carne até a autorização para abrir uma casa de jogos; cuidavam da limpeza, higiene e estética, obrigando os proprietários dos prédios que serviam de tabernas, botequins, hotéis e vendas em geral a caiar ou pintar seu imóvel ao menos uma vez por ano.[42]

As modernas casas urbanas, assobradadas ou térreas, eram construídas nas principais ruas da cidade. Ficavam no alinhamento da rua e nos limites laterais dos terrenos, possuíam duas salas na parte da frente, alcovas que davam para essas salas, um corredor central que ligava essa parte da casa

---

Brasil. Sécs. XVII-XX. Tese (Doutorado em História Social). Faculdade de Filosofia, Letras e Ciências Humanas, Universidade de São Paulo, São Paulo, 1999.

39 Lapa, José R. do Amaral. *A cidade:* os cantos e os antros. Campinas 1850-1900. São Paulo: Edusp, 1995, p. 196.

40 Lemos, *op. cit.*, 1999. p. 211.

41 *Código de Posturas da Camara Municipal da cidade de Campinas.* Campinas: Typ. Campineira, 1864.

42 Lapa, *op. cit.*, p. 191-96.

com a sala de jantar disposta na parte de trás, juntamente com a cozinha e a despensa e as outras alcovas. As alcovas próximas às salas eram usadas para hospedar visitantes, evitando assim que os mesmos adentrassem ao espaço destinado à família. O banheiro ficava externo à casa e, nesse quintal, havia o pomar, a horta e os animais criados para o consumo.[43]

Figura 18 – Modelo de casa urbana da primeira metade do século XVIII. "As famílias abastadas construíam suas casas com duas salas de frente, corredor, alcovas, grande sala de jantar e o segundo lanço com a cozinha e despensa, sendo esta casa, geralmente de quatro janelas".[44]

Não era incomum os mais abastados construírem casas maiores. Na década de 1820, nos relatos do memorialista Celso Maria de Mello Pupo, o senhor Felisberto Pinto Tavares possuía um sobrado à rua do Comércio (atual rua Dr. Quirino) com a rua do Alecrim (atual rua 14 de Dezembro). Nesse sobrado eram realizados grandes casamentos das

---

43 Sobre a descrição das casas urbanas campineiras ver: Pupo, Celso Maria de Mello. *Campinas, seu berço e juventude*. Campinas: Publicações da Academia Campinense de Letras, 1969, p. 88-9.

44 Pupo, *op. cit.*, 1969, p. 89.

famílias da elite açucareira e foi paço imperial em 1846, quando da visita à cidade do Imperador D. Pedro II.[45]

Figura 19 – Em 1846, este sobrado acolheu sua Majestade o Imperador D. Pedro II e seus assistentes imediatos. Residência de Felisberto Pinto Tavares. (Coleção BMC, MIS–Campinas).

Em 1844, D. Ana Matilde de Almeida, senhora de engenho, desfrutava de alguns imóveis na cidade. Era proprietária de uma ampla casa situada na rua da Cadeia (atual rua Bernardino de Campos), defronte ao prédio de igual nome, destinado ao cárcere dos prisioneiros da época. Sua residência era coberta de telhas, com uma porta e quatro janelas de frente e outras quatro janelas com frente para a travessa do fundo da mesma cadeia, com quintal divisando com a

---

45 *Ibidem*, p. 92-3; Pupo, Celso Maria de Mello. *Campinas, município no Império*. São Paulo: Imprensa Oficial do Estado, 1983, p. 44.

rua Bairro Alto e com a travessa que fazia esquina com a casa de D. Damiana Alexandrina de Camargo, no valor de 3:836$040.[46]

---

46 D.Ana Matilde era mãe de D.Teresa Miquelina do Amaral Pompeu e de Joaquim Bonifácio do Amaral (futuro Visconde de Indaiatuba) e, além de imóveis urbanos, era proprietária do Sítio Sete Quedas, o qual na partilha ficou para o seu filho. Neste sítio, segundo os autos de inventário, havia "laga" de aguardente e todos os utensílios pertencentes à fábrica de açúcar com moinho e monjolo. A título de comparação de preços de imóveis e de objetos de uso social e de trabalho, tomamos como paralelo os preços de escravos praticados em Campinas. Nesta pesquisa o nosso objetivo não foi agrupar os inventários por grupos de riqueza. Baseamo-nos em um estudo realizado nos livros de recolhimento de impostos da Coletoria de Rendas Provinciais de Campinas e nas ações de liberdade de escravos do Tribunal de Justiça de Campinas. A partir da amostragem do universo de mais de 70 livros manuscritos e cerca de 50 processos, entre os anos de 1841 a 1885, Fernando Antonio Abrahão, pesquisador do CMU–Unicamp, levantou o preço médio dos escravos comercializados na cidade. Nesses livros eram registrados os impostos de meia sisa – imposto cobrado quando da compra e venda dos cativos, bem como o nome do comprador e do vendedor de escravos. A média anual de escravos comercializados foi: de 1841-1844 = 35; de 1851-1853 = 132; de 1862-1863 = 196; de 1873-1875 = 1038; e de 1883-1884 = 118. Os preços médios de escravos comercializados em Campinas, respectivamente eram: de 1841-1844: 525$000; de 1851-1853: 665$000; de 1862-1863: 1:630$000; de 1873-1875: 790$000; e de 1883-1884: 500$000. Com relação ao valor do imóvel urbano de D.Anna Matilde, vimos que na década de 1840, a média anual de escravos comercializados era de 35, tendo como preço médio 525$000. D.Ana possuía 58 escravos, sendo um sem valor, no total de 24:555$000; o preço médio de sua escravaria era de 430$789. Por essa cifra vimos que sua casa, no valor de 3:836$040, equivalia a quase 9 escravos do seu plantel. Sua mobília e os utensílios somavam 453$660, o que representava a pouco mais de um escravo. Inventário TJC, 1. Ofício, 1844, Cx. 131, Proc. 2460, fl.8.

Figura 20 – Ao centro, vista do antigo prédio da Câmara e Cadeia, construído na década de 1820 e demolido em 1898. À esquerda ficava a casa de D. Ana Matilde de Almeida. Óleo de Rui Martins Ferreira (1974) baseado em desenho de H. Lewis, de 1874. (Acervo CMC).

O outro imóvel urbano de sua propriedade estava localizado na rua em frente à antiga Igreja do Rosário – foi demolida para o alargamento da rua Francisco Glicério na década de 1950 –,[47] "coberta de telhas, com quintal chegando até a outra rua, tendo nesta o mencionado quintal, um lanço de casa de venda, coberta de telhas com uma porta, no valor de 1:450$000".[48]

Nessa mesma década outro sobrado teve sua construção finalizada e tornou-se um importante referencial para a cidade. Em 1846, D.Teresa Miquelina do Amaral Pompeu abria as portas de seus salões à sociedade campineira. Neste sobrado foram realizadas grandes festas e cerimônias e, em sua capela particular, ocorreram cerimônias religiosas e casamentos de importantes membros da

---

47 Martins, José Pedro Soares. *Campinas*: imagens da História. Campinas: Komedi, 2007.
48 Inventário TJC, 1.Ofício,1844, Cx. 131, Proc. 2460. fl. 8.

aristocracia campineira. Dentre os enlaces matrimoniais, há registro do de Francisca Pompeu de Camargo, neta do capitão da Guarda Nacional, o senhor Luciano Teixeira Nogueira, proprietário da fazenda Chapadão.

D. Teresa Miquelina, ao falecer em 1883, deixou, além de um terreno urbano, um sítio e duas fazendas, um suntuoso sobrado a seus herdeiros: o Visconde e a Viscondessa de Indaiatuba e Francisco Pompeu do Amaral e sua esposa, D. Gertrudes Egídio do Amaral. Nos autos de avaliação dos bens da herança constou:

> um sobrado à rua Direita [atual rua Barão de Jaguara] esquina da rua General Osório, desta Cidade, compreendendo a cocheira e Casa da enfermaria à rua do Comércio, todos os móveis, prata, metais, louça, vidros, roupa de cama e mesa, cortinas, dois carros e um trolly no valor de 100:000$000.[49]

---

49 D. Teresa Miquelina do Amaral Pompeu era irmã e sogra do Visconde de Indaiatuba. Neste caso, tomando por base nossa análise, na década de 1880 a média anual de escravos comercializados era de 118 e o seu valor médio de 500$000, praticamente o mesmo valor praticado na década de 1840. Esse montante de 100:000$000, de apenas um de seus bens, com todos os pertences, equivalia a 200 escravos. Inventário TJC, 1.Ofício,1883, Cx. 317, Proc.5 160, fl.4.

Figura 21 – Palacete de D. Teresa Miquelina do Amaral Pompeu inaugurado em 1846. Hospedou o imperador quando de sua segunda visita à cidade, em 1875. (Coleção BMC, MIS–Campinas).

Os fazendeiros dividiam seu tempo entre a casa urbana, investindo em melhorias na cidade, da mesma forma que remodelavam suas residências rurais, valendo-se das novidades arquitetônicas e decorativas da época. Joaquim Bonifácio do Amaral construiu o solar da fazenda Sete Quedas à altura de seu título. A casa edificada no terceiro quartel do século XIX era de taipa de pilão. O andar térreo não servia para moradia: ali ficavam a cozinha, quartos para depósito de alimentos, a senzala doméstica e o vestíbulo da entrada principal do solar. O andar nobre da casa, com 700 m², ficava localizado no andar superior.[50]

---

50 Lemos, *op. cit.*, 1999, p. 214; Pupo, *op. cit.*, p. 205; Silva, Áurea Pereira da. Engenhos e fazendas de café em Campinas (Séc. XVIII – Séc. XX). *Anais do Museu Paulista;* nova série, v. 14, p. 81-119, jan.-jun. 2006.

Figura 22 – Em 1844, este Sítio passou às mãos de Joaquim Bonifácio do Amaral que construiu este solar, para sua residência. No salão nobre da residência todas as janelas possuem vidraças inteiras e gradis de ferro simulando pequenas sacadas. (Fazenda Sete Quedas, Campinas, SP).

Figura 23 – Detalhes das janelas do salão superior. (Fazenda Sete Quedas, Campinas, SP).

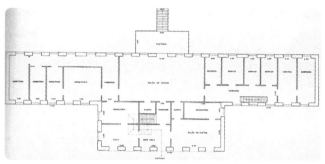

Figura 24 – Planta baixa da sede da fazenda Sete Quedas. No primeiro corpo existem três salas, além dos dormitórios e o corredor de ligação com a ampla sala de jantar. Esta sala dá para o pretório e o pomar que existia na parte de trás da casa. (Pupo, *op. cit.*, 1983. p. 137).

Na cidade de Campinas não identificamos uma ruptura brutal entre o período colonial e o imperial nas formas de morar. Durante alguns anos o açúcar conviveu com o café e a economia cafeeira acelerou o processo de modernização implementado na Campinas do início do século XVIII pelo ciclo açucareiro com uma rotina urbana e um comércio incipiente. Vem dessa época as construções de prédios públicos como a cadeia, o fórum e o paço municipal, assim como as novas residências urbanas e os sobrados dos senhores de engenho.

Para Carlos Lemos, porém, somente a partir da cultura do café viveu-se um divisor de águas na forma de morar. Para ele,

> com a plenitude do café tudo mudou. Foi a época do ecletismo, que logo substituiu o contido neoclássico, e do surgimento de uma nova arquitetura e de renovados modos de morar em novos invólucros de tijolos, ficando esquecida a velha taipa de pilão do tempo antigo, que todos agora queriam olvidar.[51]

---

51 Lemos, *op. cit.*, 1999. p. 135.

A aristocracia valia-se de recursos externos e internos à casa para marcar sua posição social perante a população. Segundo Roseli Maria Martins D´Elboux a palmeira imperial, planta trazida ao Brasil por D. João VI, compunha a paisagem das fazendas e cidades paulistas do ciclo cafeeiro. A palmeira, por ser a espécie preferida do imperador D. Pedro II, vinculou-se à imagem do Segundo Império.[52]

Figura 25 – Em Campinas a presença das palmeiras imperiais estava nas praças, na frente das casas-grandes das fazendas e dos sobrados da aristocracia. Portão principal do solar do Barão de Itapura à rua Barreto Leme. (Coleção BMC, MIS–Campinas).

Campinas vinha de uma incipiente modernização graças ao ciclo do açúcar, mas as mudanças arquitetônicas e decorativas das residências do período cafeeiro foram evidentes. Adotou-se o modo à francesa de morar

---

52 D'Elboux, Roseli Maria Martins. Uma promenade nos trópicos: os barões do café sob as palmeiras-imperiais, entre o Rio de Janeiro e São Paulo. *Anais do Museu Paulista*. São Paulo, nova série, v. 14, n. 2, p. 193-250, jul.-dez.2006.

e Francisco de Paula Ramos de Azevedo foi o grande propagador das plantas "modernas". Este famoso arquiteto montou seu escritório nesta cidade, mesmo antes de transferir-se para a capital da província.[53]

O "morar à francesa" pressupunha a divisão da moradia em três zonas distintas: a de estar e receber, a de repousar e a de serviço. E o esmero e os cuidados com a estética, a decoração e a adoção dos modelos e padrões da Europa "civilizada" foram nitidamente notadas nos vários cômodos das casas campineiras que receberam mobília austríaca, objetos e artigos de decoração, porcelana inglesa trazidos diretamente da Europa nos vapores e que depois seguiam pela malha ferroviária.[54]

As casas campineiras a partir da cultura material: modernização e refinamento de seus interiores

A vinda da família real portuguesa para o Brasil em 1808 influenciou e acelerou as mudanças dos nossos costumes, alterando inicialmente os hábitos dos brasileiros que moravam no Rio de Janeiro.

Com a abertura dos portos às nações amigas, os navios ingleses trouxeram para o Brasil uma variada gama de produtos, desde artigos de armarinho, vidros, cristais, porcelanas, mobiliário, papéis de parede, cutelaria, carruagens, alimentos etc. Nesse momento, a influência inglesa foi maior entre nós devido às relações comerciais que Portugal mantinha com a Inglaterra.

Com a queda de Napoleão Bonaparte, as relações entre Portugal e a França foram reatadas, e a influência que o modo de vida francês exerceu sobre a corte atingiu as nossas elites. Houve uma mudança nos gostos

---

53 Lemos, *op. cit.*, Abrahão, Fernando Antônio. *Criminalidade e modernização em Campinas:* 1880 a 1930. Dissertação (Mestrado em História). Instituto de Filosofia e Ciências Humanas, Universidade Estadual de Campinas, Campinas, 2002, p. 45.

54 Lemos, *op. cit.*, 1999. p. 252.

da população mais rica e essas influências deram-se no campo da moda, da arquitetura, do urbanismo, da cultura e da alimentação. Os modelos comportamentais, o cenário para a prática dessas transformações eram os jantares, que seguiam o estilo *a françaíse*, e eram acompanhados por bailes ou saraus, momentos propícios para o exercício das regras de etiqueta, dos modelos de *civilité*.

Envolvida pelos modelos de civilidade da corte, as famílias pertencentes à elite cafeicultora paulista passaram a se orientar, cada vez mais, pelas práticas e comportamentos próprios da aristocracia e da burguesia europeia, industrializada, comerciante e tecnologicamente desenvolvida, vinculando-se culturalmente à França, mas também à Inglaterra e à Alemanha, processo este caracterizado por Gilberto Freyre como reeuropeização do país, ocorrido não só pela assimilação, mas também pela imitação.

O vale do Paraíba foi a primeira região da província com grandes fazendas de café, e vivenciou essas mudanças. Devido a sua situação econômica privilegiada e a sua proximidade com a corte, nesse período de finais do século XVIII e meados do XIX, os novos hábitos, as alterações nos usos e costumes, se sobressaíram em comparação às demais cidades da província de São Paulo. A proximidade das cidades da região do Vale do Paraíba – Bananal, São Luís do Paraitinga, Vassouras –, com os portos de Parati e Ubatuba, possibilitaram a essa elite cafeicultora decorar as casas-grandes das fazendas e os sobrados urbanos com o requinte e suntuosidade da mobília e adornos europeus.[55]

Paulatinamente os interiores das residências foram sendo valorizados. Havia uma preocupação com os adornos que complementavam a decoração dos ambientes para se tornarem menos áridos e mais personalizados.

Nessas residências do vale do Paraíba fluminense e paulista, a antiga sala de jantar foi aberta aos novos modelos de convivência social.

---

55 Lemos, *op. cit.*, 1999.

Os jantares passaram a ser oferecidos a convidados ilustres e membros de outras famílias pertencentes ao mesmo estrato social. Nessas reuniões, reafirmavam-se velhas alianças políticas e econômicas, assuntos que tinham lugar garantido entre os nobres senhores.

Na primeira metade do século XIX, as mercadorias europeias chegavam a São Paulo oriundas do porto de Santos ou da região do Vale do Paraíba. O transporte era feito em comboios no lombo de mulas ou em carroças, e demoravam de quinze a vinte dias nesses percursos. Com a instalação da malha ferroviária ocorreu uma revolução na cultura dos paulistas e em Campinas. Os trens possibilitaram a distribuição de produtos importados de grande volume, peso e dimensões, de forma mais rápida e segura para outras localidades, antes de difícil acesso.[56] Os espaços quase vazios dos interiores das residências passaram a ser preenchidos com um mobiliário que surgia bastante adequado ao clima e ao modo de vida brasileiros.[57]

O aumento das atividades econômicas decorrentes do café na cidade, o crescente número de emigrados europeus e a regularização de viagens marítimas, saindo dos portos de Santos e Rio de Janeiro em direção à Inglaterra, intensificaram as mudanças nas práticas, costumes e nas formas de ver o mundo.

Ao observarmos as transformações ocorridas nos interiores das residências neste período a partir da cultura material – os artefatos, passados de geração em geração, carregados de um sentimentalismo que perpassa ao material e cai no simbólico –, compreendemos de que forma o aumento na oferta e no consumo de mobiliário, de objetos de decoração

---

[56] Carvalho, Marcos Rogério Ribeiro de. *Pratos, xícaras e tigelas:* um estudo de Arqueologia Histórica em São Paulo, séculos XVIII e XIX. Dissertação (Mestrado em Arqueologia). Faculdade de Filosofia, Letras e Ciências Humanas, Universidade de São Paulo. São Paulo, 1999.

[57] Lemos, *op. cit.*, 1999. p. 134-5.

de estilo europeu e de utensílios domésticos, estava relacionado com a modernização cultural, social e econômica da sociedade campineira.

A importação de móveis, vidros, porcelanas e demais produtos europeus seguiu um crescente. O aprimoramento na aparência das residências e de seus moradores foi possível porque as casas comerciais de Campinas ofereciam aos seus consumidores uma diversificada quantidade de bens móveis, prataria, porcelanas, cristais e tecidos, dentre outros produtos.

A delicadeza e o esmero das senhoras da elite campineira na decoração de seus lares notavam-se na adoção dos papéis de parede, dos tecidos finos adamascados como a cambraia, o linho para a confecção de cortinas, de toalhas de mesa e guardanapos crivados, das porcelanas, dos espelhos de cristal lapidado, das mesas de centro com tampos de mármore branco, enfeitadas com vasos de opalina, dos cristais e aparelhos de chá e café de prata.

Esse esforço da sociedade em adequar-se ao gosto francês na decoração doméstica não passou desapercebido ao viajante Saint-Hilaire:

> Achei as moradas dos habitantes mais graduados de São Paulo tão bonitas por fora quanto por dentro. O visitante geralmente é recebido numa sala muito limpa, mobiliada com gosto. As paredes são pintadas de cores claras (...). Como não haja lareiras, os objetos de enfeite são colocados sobre as mesas, como, por exemplo, castiçais, frascos de cristal, relógios de pêndulo etc. Comumente também, as salas são ornadas de gravuras(...).[58]

---

58 Saint-Hilaire, Auguste de. *Viagem à província de São Paulo*. Belo Horizonte: Itatiaia; São Paulo: Edusp, 1976. p.128. (Coleção Reconquista do Brasil, v.18)

Figura 26 – Tapetes, vasos, espelhos e vasta mobília fina compunham esta sala, cenário da sociabilidade na presença e na ausência dos atores. A profusão de objetos denotava a crescente valorização decorativa dos interiores. Sobrado do final do séc. XIX. (Coleção MLSPM, MIS–Campinas).

Essas casas mais bem cuidadas, luxuosas, procuravam individualizar-se, expressando assim o êxito econômico, o gosto, as preferências culturais de seu proprietário, transformando-se em um cartão de visitas dos seus moradores.

Os comerciantes, observando essa tendência, procuravam atender sua clientela ávida por consumir as novidades europeias. Em 1895, o comerciante italiano Alexandre Sbraggia, com loja de fazenda à rua Dr. Costa Aguiar, número 64, oferecia às senhoras variada gama de tecidos finos importados, linho e algodão utilizados na confecção de cortinas, toalhas de mesa e guardanapos e artigos à sua clientela.[59]

---

59 Alexandre Sbraggia oferecia a sua clientela a oportunidade de adquirir meias e lenços masculinos e femininos, gravatas, chales, bolsas, paletós, jaquetas, peças de toucador, dentre outras miudezas. Nesta nota encontramos vestidos para batizados, por 5$500 cada; espartilhos para senhoras e de meninas, no valor de 1$000, cada. O gerente da Loja de Fazendas, tendo sabido do seu óbito em terras italianas durante visita à família, procedeu a abertura do Inventário. Autos de

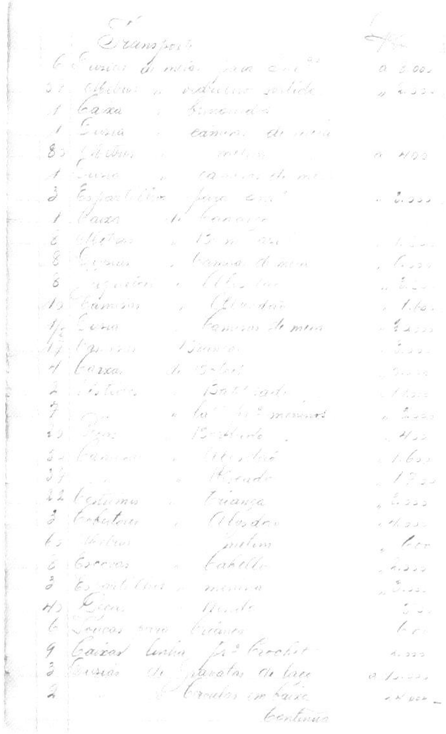

Figura 27 – Descrição do estoque da loja de fazenda de Alexandre Sbraggia. (Inventário TJC, 2.Ofício, 1895, Cx.266, Proc.5679. fl.19v. – Arquivos Históricos CMU–Unicamp).

Lustres de cristais Baccarat pendiam soberbamente nas salas de estar e de jantar das casas urbanas e rurais da cidade. Os copos e castiçais, com o domínio da técnica da lapidação durante a Revolução Industrial, popularizaram-se e os antigos copos de prata, ouro e estanho foram substituídos. Os cristais Baccarat, com produção ini-

---

avaliação para efeitos do comércio de propriedade de Alexandre Sbraggia. Inventário TJC, 2.Ofício, 1895, Cx. 266, Proc. 5679. fls. 19-23.

ciada na França em 1765 e aperfeiçoada em 1821, caiu no gosto da aristocracia campineira.[60]

Nas reuniões e jantares oferecidos pelo Comendador Antônio Manoel Teixeira, proprietário de engenho e produtor de açúcar, em sua chácara à rua da Constituição, hoje Costa Aguiar, não faltavam licores, vinho e água servidos aos ilustres convidados em belos cálices e copos de cristal. Francisco Teixeira Vilela, seu único filho, herdou em 1852: "quatro garrafas de cristal com fundos de casquinha no valor de 4$000; dez copos de cristal para água no valor de 10$000; doze cálices de cristal para vinho no valor de 6$000; doze cálices de cristal para vinho champanha, 12$000."[61] Em 1871, o senhor Américo Ferreira de Camargo Andrade deixou à sua esposa três dúzias de cálice de cristal, no valor de 18$000.[62]

Os móveis de estilo europeu, inicialmente importados, com o passar do tempo foram abrasileirando-se, que dizer, adaptá-los aos nossos costumes e ao nosso clima. Vemos a passagem do mobiliário de estilo mais rebuscado para móveis mais modernos. Os móveis que seguiam o estilo Diretório, Império, Regência Inglesa, foram as fontes para a criação de um estilo nosso – o Império Brasileiro. Esse estilo se adequava perfeitamente à situação brasileira, pois sublinhava seu desejo, àquela época, de aparentar atualidade e igualdade ao paradigma europeu. Depois, um outro estilo bastante utilizado por nós foi o Luís Felipe. Ambos os estilos auxiliaram na construção de uma imagem

---

60 Baccarat tinha o costume de numerar e dar nome às suas lapidações e essas denominações foram traduzidas e mantidas no Brasil. Levg, em seu texto, aborda em detalhes a questão da evolução das lapidações em vidro e dos cristais Baccarat. Levg, Fortunée. Vidros e cristais. *Anuário do Museu Imperial*, p. 195-235, 1943.

61 Inventário TJC, 1.Ofício, 1852, Cx. 162, Proc. 2899, fl. 51v.

62 Inventário TJC, 2.Ofício,1871, Cx.255, Proc.5565. fl.10.

de sobriedade e frescor, representando o gosto europeu abrasileirado. Móveis em cores mais claras davam leveza ao mobiliário.[63]

Daniel Kidder observou a presença desses novos móveis e sua grande difusão nos salões das elites paulistas:

> A mobília da sala de visitas varia de conformidade com o maior ou menor luxo da casa mas, o que se encontra em todas elas é um sofá, com assento de palhinha e três ou quatro cadeiras dispostas em alas rigorosamente paralelas que, partindo de cada extremidade da primeira peça, projetam-se em direção ao meio da sala.[64]

As famílias campineiras da primeira metade do século XIX gozavam de novidades no mobiliário de suas casas urbanas e rurais. Surgiram os relógios de parede com caixa de madeira, serviços de cristal de louça de Macau e da Companhia da Índias e espelhos de cristal. Os móveis de sala confeccionados com assentos e encostos de palhinha começavam a aparecer, destronando os luso-brasileiros de jacarandá forrados de sola (couro), da segunda metade do século XVIII.

---

[63] Malta, Marize. *Interiores e mobiliário no Brasil Imperial antes do ecletismo*. Disponível em http://www2.essex.ac.uk./arthistory/arara/issue_one/paper2.html. Acesso em 14 set. 2005.

[64] Kidder, Daniel P. *Reminiscências de viagens e permanência no Brasil* (Rio de Janeiro e Província de São Paulo). Brasília: Senado Federal, 2001, p. 196. (Coleção O Brasil visto por estrangeiros).

Figura 28 – O aparador era usual nas salas de visitas, de música e de jantar das residências paulistas. Completavam a decoração os vasos em opalina, relógios de mesas. Paredes forradas com papel de parede coloridos e quadros de paisagem, de membros da família ou retratos de suas propriedades finalizavam a decoração. Séc. XIX. (Acervo Museu Republicano "Convenção de Itu").

Não havia mais lugar para a simplicidade da casa paulista retratada por Thomas Ender. Vivenciava-se um período de riquezas e de avanço dos modelos europeus nas maneiras de morar e viver dos paulistas.

Figura 29 – Retrato do despojamento de mobília nas casas paulistas do período colonial. Pequenos bancos saindo das paredes próximos as janelas, permitindo que as senhoras e moças, observassem através das rótulas da janela o passeio público, sem serem vistas pelos olhares públicos dos passantes. Uma única cadeira de espaldar alto, provavelmente destinada ao dono da casa. (Thomas Ender)

Em muitos momentos, o desempenho do ofício acontece no mesmo prédio destinado às moradias. A função laboriosa não deveria ser ignorada nas várias transformações ocorridas nas casas urbanas dos séculos XVIII e XIX. Na opinião de Daniel Roche,

> Os ateliês exigiam um tipo de organização que ainda não estava completamente separada daquela da vida privada; durante muito tempo, a casa do negociante foi um entreposto e um conjunto de escritórios; o sobrado dos aristocratas abrigou diversas profissões e o do financista acolheu e por vezes hospedou seus empregados. O confronto dessas funções com os problemas familiares, as formas de sociabilidade, os imperativos religiosos, enriqueceu essa estrutura do espaço, onde os indivíduos iriam moldar suas condições de vida segundo sua imagem.[65]

Nas cidades paulistas e fluminenses o andar térreo dos sobrados raramente era ocupado para morada. Era muito comum este pavimento servir como depósito, para a instalação de cocheiras ou para o estabelecimento de comércios.[66] As famílias reservavam o andar superior à moradia.

O farmacêutico Antonio Jesuíno de Oliveira Barreto possuía

> uma casa assobradada, sita a Praça dos Andradas, canto da rua Direita com a travessa e chácara que ia até rua do Rosário, todo fechado, parte de muros e partes de paredes de mão, confrontando pelo lado

---
65 Roche, *op. cit.*, p. 118.
66 Kidder, *op. cit.*, 2001.

direito com o terreno do Comendador Manoel Carlos Aranha, no valor de 22:000$000.[67]

Alguns anos mais tarde, em 1892, o senhor Otto Langaard e sua Farmácia Cisne, muito recomendada pela sociedade campineira, estabeleceu-se no andar térreo do seu imóvel a rua Barão de Jaguara, número 22.[68]

A ruptura entre o local da residência e de trabalho na Europa deu-se na sociedade nascida da Revolução Industrial, em meados do século XVIII, e como uma oposição clara à sociedade tradicional.[69] Nas cidades de Campinas e São Paulo esse corte deu-se em finais do século XIX e inícios do XX, com a segmentação das cidades, delimitando o espaço urbano em áreas residenciais e comerciais.

A altivez dos salões dos sobrados, suas suntuosas residências urbanas, era exibida à nata da sociedade nos jantares, saraus, bailes e reuniões. Para atender a essa demanda de festas, as áreas sociais foram ampliadas e reformuladas em termos estéticos e decorativos. A elite cafeeira almejava formar o cenário perfeito para o exercício da urbanidade e da prosperidade material. Alfredo d'E de Taunay dizia que

> em Campinas, por volta de 1880, os fazendeiros construíram belas moradias na pequena cidade que ficava perto da sua fazenda. [...]. Nessas casas novas e bonitas, as damas paulistas souberam receber ainda melhor que na fazenda. O tom era menos afetado que na capital paulista.[70]

---

67 A rua do Rosário é a atual Avenida Francisco Glicério. Inventário TJC, 3.Ofício,1876, Cx.450, Proc. 7278. fls. 13 e f. 13v.

68 Inventário TJC, 3.Ofício,1892, Cx. 507, Proc. 7656. fl. 3v.

69 Roche, *op. cit.*, p.118.

70 Taunay, A. D'Escragnole. *Apud* Mauro, Frédéric. *O Brasil no tempo de dom*

Identificamos a existência de três espaços distintos para a execução das atividades familiares nas residências campineiras. Uma parte da casa destinava-se ao convívio com pessoas não-pertencentes à família, eram os espaços públicos, salas de estar, de jantar, sala de música, de jogos, a varanda, o alpendre; os oratórios e escritórios poderiam ser classificados como um espaço intermediário entre o público e o íntimo. A outra área, reservada à intimidade, incluía os quartos de dormir e as alcovas. O terceiro ambiente era destinado às atividades cotidianas e de funcionamento do lar, e compreendia os quartos de costura, salas de almoço e cozinha, espaços de concentração dos trabalhos caseiros, a costura e a culinária.

As salas: espaços de representação social

Os artefatos funcionavam como elementos de diferenciação social nas residências. A sedução pela projeção social possibilitada por ter salas bem decoradas, pelos serviços de mesa, café e chá, deixava para trás uma sobriedade dos costumes. As casas deveriam corresponder à riqueza de seus proprietários. Isso se evidenciou ao identificarmos a mobília presente nas salas de visitas dos sobrados e casas-urbanas e das casas grandes das fazendas de Campinas do século XIX.

Nas casas aristocráticas, a sala de visitas era o espaço onde os anfitriões recepcionavam seus amigos. Construída na parte frontal da residência, nesse cômodo eram expostos os móveis mais luxuosos e elegantes. A forma de disposição das cadeiras e dos sofás induzia implicitamente a um caráter de distinção e hierarquia. O arranjo dos móveis formava um U, ficando a poltrona de encosto alto e com braços de uso do chefe da casa em uma das extremidades, ladeado por um sófa, canapé ou cadeiras de palhinha sem braços. A esposa sentava-se à direita de seu marido. A

Pedro II: 1831-1889. São Paulo: Companhia das Letras, Círculo do Livro, 1991. (Coleção *A vida Cotidiana*), p. 181.

mobília era em sua maioria de jacarandá, madeira brasileira de cor escura, e havia cadeiras para todos os convidados e familiares.

Figura 30 – As cadeiras com encosto e assento de palhinhas, uma marquesa com braços na extremidade da sala, com os aparadores, mesa de centro, objetos de decoração e o luxuoso lustre Baccarat compunham o ambiente da sala de visitas. Mobília disposta em forma de U. Mobília "estilo medalhão". Séc. XIX. (Acervo Museu Republicano "Convenção de Itu"). À direita: Detalhe do lustre de cristal. Séc. XIX. (Acervo Museu Republicano "Convenção de Itu").

O escabelo[71] de sala ou o canapé, sofá de assento comprido, com costas e braços, **tinha presença obrigatória na sala de visitas**. Completavam o mobiliário as cadeiras de palhinha, mesas de centro com pés torneados, as mesas de canto, o bufete fidalgo e, posicionado logo na entrada da sala, o cabide, muitas vezes ornado com espelho, que acomodava os chapéus, bengalas e guarda-chuvas. O tic-tac dos relógios de parede, as cortinas de linho, os oratórios com as imagens de devoção católica e, em alguns casos, os paramentos de missa e mochos,[72] davam o toque de requinte destas salas.

---

71 Banco com encosto, comprido e alto cujo assento servia de tampa a uma caixa formada pelo mesmo móvel. *Fichário Ernani Silva Bruno:* equipamentos, usos e costumes da casa brasileira. São Paulo: Museu da Casa Brasileira, 2001, p.205.

72 Banco bem baixo sem encosto, com assento redondo ou quadrado.

Figura 31 – Móvel utilizado como aparador recebia a baixela e todos os utensílios necessários para servir uma refeição. Nas gavetas acondicionavam-se os talheres, as toalhas de mesa e guardanapos. Buffet. Séc. XIX. (Acervo Rizzardo Ulson).

A "igualdade" entre os sexos podia ser notada na sala de jantar, também denominada de varanda. Este cômodo localizava-se entre as salas frontais e próximas ao *hall* de ligação com os aposentos de uso exclusivo dos moradores. Nos jantares cerimoniosos, os anfitriões posicionavam-se nas cabeceiras da mesa em cadeiras de espaldar alto e braços e os convidados acomodavam-se nas laterais, de acordo com o grau de amizade ou afinidades políticas que os convivas mantinham com seus anfitriões. Nos jantares em família a senhora posicionava-se à direita de seu marido.

Não era somente a posição à mesa que confirmava o "domínio" feminino nesse ambiente da casa. Os delicados arranjos de mesa, as toalhas de linho crivadas impecavelmente engomadas e os guardanapos dobrados em forma de leques davam o toque das senhoras da elite aristocrática.[73] A escolha do cardápio para os jantares e festas

---

73 Carvalho, Vânia Carneiro de. *Gênero e artefato*: o sistema doméstico na perspectiva da cultura material. São Paulo, 1870-1920. Tese. (Doutorado em História Social). Faculdade de Filosofia, Letras e Ciências Humanas, Universidade de São Paulo, São Paulo, 2001.

dependiam das anfitriãs, bem como as delicadas sobremesas, manjares, fios de ovos, fitas de coco, a adoçar o paladar dos comensais. Tudo era preparado sob os seus olhares atentos.

As cristaleiras, aparadores do tipo guarda-louça ou *etagére,* eram móveis obrigatórios nas salas de jantar, além da mesa elástica com suas respectivas cadeiras. Nos jantares e banquetes esta mesa deveria estar minuciosamente arrumada com os cristais, pratarias e a requintada porcelana inglesa e francesa.

Figura 32 – Mesa elástica era a denominação dada às mesas de jantar que podiam ser aumentadas. Havia uma repartição onde uma parte de madeira sobressalente era encaixada. Séc. XIX. (Acervo Rizzardo Ulson).

Figura 33 – Móvel tipo cristaleira muito usado para guardar os cristais, porcelanas e baixela. Em alguns casos, servia como aparador. Cristaleira. Séc. XIX. (Acervo Ana Maria Nogueira de Camargo).

Os pratos de formatos diversos, travessas, sopeiras, molheiras, cremeiras e os serviços de chá e café recebiam monogramas[74] do proprietário ou brasões, quando se tratava dos senhores nobilitados pelo imperador. A decoração incluía ainda quadros, pinturas, vasos e castiçais. Mangas de vidro ou cristal cercavam e protegiam as chamas das velas suportadas por castiçais de prata. Novamente, a imponência do lustre Baccarat, que por sua beleza ímpar, chamava a atenção dos convidados.

Dona Maria Amélia Andrade Pontes, esposa do cafeicultor Luís de Pontes Barbosa, cujo sobrado situava-se à rua Barão de Jaguara, número 60, nos jantares cerimoniosos decorava sua mesa elástica com seu aparelho de jantar de porcelana de friso vermelho e monograma L.P., com o licoreiro de cristal e os castiçais de prata.[75]

Figura 34 – Exemplares de pratos com monogramas, as iniciais do sobrenome da família Vasconcellos. À direita cremeira e travessa em porcelana, também com monograma. Séc. XIX. (Acervo do Museu Republicano "Convenção de Itu").

---

74 Esses monogramas, apesar de sua tradição aristocrática, eram de uso livre e versátil, tendo sido apropriado pelas famílias abastadas do Oitocentos como uma marca de propriedade.

75 Inventário TJC, 4.Ofício, 1890, Cx. 272, Proc. 5162.

O aparelho completo de prata para chá e café, composto de bule, manteigueira, açucareiro, escaldadeira, cafeteira e leiteira, era utilizado por D. Miquelina Dulce do Amaral ao receber suas amigas para o chá em sua residência à rua do Rosário, número 38. Os saborosos biscoitos e bolos servidos às convidadas eram delicadamente arrumados em salva de prata.[76]

Figura 35 – O ritual do consumo do chá possuía um código de etiqueta, uma gestualidade, utilizando-se de requintados equipamentos compostos de bules, leiteiras, açucareiros, xícaras, pires e jarras de porcelana inglesa ou de prata. Jogo de chá de prata. Séc. XIX. (Acervo Ana Maria Nogueira de Camargo).

Segundo Celso Maria de Mello Pupo, o Tenente Coronel Antônio Manoel Teixeira foi um dos primeiros produtores de café de Campinas e um dos primeiros campineiros a receber concessões honoríficas de Sua Majestade. D. Pedro II, que em visita a cidade em 1846, trouxe consigo o decreto de concessão da Ordem da Rosa ao fazendeiro.[77] Esse cafeicultor mantinha em sua casa grande quantidade de cadeiras, sofás, mesas, delicadas alfaias e objetos de entretenimento para os convivas. Como a

---

[76] Inventário TJC, 3.Ofício, 1863, Cx. 394, Proc. 6980. fl. 20v.

[77] Pupo, op. cit., 1969. p. 137.

descrição em seu inventário foi feita por cômodos, permitiu-nos uma perfeita visualização da decoração e do grau de adequação, as sociabilidades de salão que dissolviam os velhos hábitos de reclusão. O número elevado de cadeiras mostrava um intenso uso do cômodo para reuniões políticas e jantares. Na relação de bens constava:

> um piano usado com coberta de [oelada] da fábrica de Brue e Companhia, 400$000; quatro consoles de jacarandá envernizados, já usados, 36$000; doze cadeiras de cabiúna[78] envernizadas, pouco usadas, com assento de palhinha, 60$000; 1 sofá de cabiúna envernizado, pouco usado, com encosto tecido de palhinha, 60$000; cinquenta e sete cadeiras de palhinhas, mais usadas, sem envernizar, 114$000; [...] dois pares de canastras envernizadas de sala com [pregas] douradas, 20$000; uma mesa de jantar, 3$500; uma outra mesa de jantar, 3$400; [...] dois bancos compridos, 2$560; [...] dois castiçais de casquinha grandes com mangas de vidro, 10$000; [...] um sofá jacarandá usado, tecido palhinha, 45$000; dezoito cadeiras jacarandá envernizadas tecidas de palhinha, 90$000; [...] uma mesa de abrir envernizada, 5$000; [...] dois consoles de mármore cor de cinza, 51$240; uma mesa redonda jacarandá, 16$000; um sofá grande novo envernizado tecido palhinha, 20$000; vinte e quatro cadeiras envernizadas com assento de palhinha, 72$000; quatro [Floranas] com

---

78 A cabiúna, é um dos nomes dado ao jacarandá-da-baía. Árvore natural do Brasil, encontrada nos estados de Minas Gerais, Espírito Santo, São Paulo e Bahia. Atualmente existem espécimes apenas neste último estado. Trata-se uma madeira nobre, escura, resistente, rica em desenhos variados e facilmente manejável pelos carpinteiros. Particularmente indicada para a fabricação de móveis finos e objetos de adorno.

jarras de porcelana e mangas de vidro, 32$000; cinco mangas de vidro lisas, 10$000; quatro jarras de vidro douradas, 6$000; um espelho de cristal com molduras douradas em bom uso, 20$000; um quadro grande com moldura dourada e retrato de sua Majestade Imperial o Sr. D. Pedro I, 10$000; um quadro pequeno com o retrato de sua Majestade Imperial o sr. D. Pedro II, $800; um retrato de Napoleão I em um pequeno quadro, 1$000; um bilhar com todos os pertences, usado, 50$000.⁷⁹

Figura 36 – Detalhe dos lustres em cristal Baccarat dispostos nas salas de jantar da casa grande de Fazenda Santa Maria de propriedade do Comendador Antonio Manoel Teixeira. Lustres de cristal. Séc. XIX. (Acervo Rizzardo Ulson).

A mobília presente nas casas das famílias ricas de Campinas variavam em quantidade e nos detalhes individuais, e na personificação dos ambientes por seus moradores. D. Miquelina Dulce do Amaral, na

---
79 Inventário TJC, 1.Ofício, 1852, Cx. 162, Proc. 2899, fls. 24v, 25, 25v, 31v, 40v, 50, 50v e 51v.

decoração de sua casa, valia-se de requintadas serpentinas de prata,[80] de castiçais de prata, vasos e quadros com diferentes estampas. Em seu inventário, encontramos: "dois pares de castiçais de prata, por 227$840; um par de castiçais de prata, por 113$920; par de serpentinas de prata, com pouco uso, pesando 1024 oitavas, por 368$640."[81]

Figura 37 – Serpentina com mangas e pingentes de cristal iluminavam os salões nobres das residências das famílias campineiras. (Pupo, *op. cit.*, 1983).

---

80 As serpentinas eram um tipo de candelabro com mangas de cristal. Segundo Maria Lucília Viveiros de Araújo, em seu artigo sobre os interiores domésticos da cidade de São Paulo, os castiçais eram peças vulgares, mas por vezes bem caras. Em sua pesquisa com 146 inventários da primeira década do século XIX, ela chegou a um valor máximo de 67$000. E disse que as serpentinas e candelabros eram peças raras nas casas paulistanas. No período pesquisado por nós, 1840-1920, encontramos cinco pares como este. Araújo, Maria Lucília Viveiros. Os interiores domésticos após a expansão da economia exportadora paulista. *Anais do Museu Paulista*. São Paulo, v. 12, p. 129-160, jan./dez. 2004.

81 Inventário TJC, 3.Ofício,1863, Cx. 394, Proc. 6980. fl. 21.

Os amigos e convidados de D. Maria Benedita de Camargo Andrade ficavam bem impressionados com o luxo da casa de morada na rua da Matriz Nova. A família Ferreira de Camargo Andrade era proprietária de três sítios – Bonfim, Sete Quedas, no Jaguari, e Santa Ana –, e quatro casas na cidade. D. Maria Benedita, bastante cuidadosa com a decoração, matinha

> mesa redonda e sofá, 300$000; escrivaninha, 100$000; três espelhos, 150$000; quatro vasos de mesa, 40$000; um lampião 8$000; [...] salvinha para vela, 68$800; [...] três dúzias de cálices de cristal 18$000; aparelho para chá porcelana, 60$000; aparelho jantar porcelana, 100$000; [...] sineta e seus pertences, 40$000; faqueiro de prata 800$000; [...] relógio de parede com caixa de madeira 30$000.[82]

Figura 38 – Relógio de parede com caixa de madeira, figurava nas salas de estar e de jantar dos sobrados. Jarras para água e suco em cristal enfeitavam as mesas de jantar. Relógio inglês de 1855. (Acervo Ana Maria Nogueira de Camargo). À direita: Jarra, porta copos e xícaras porcelana. Séc.XIX. (Acervo Maria de Lurdes Badaró).

---

82 Inventário TJC, 2.Ofício,1871, Cx. 255, Proc. 5565, fl. 9.

Não só barões e fazendeiros habitavam a cidade. Casas intermediárias e simples completavam, com os suntuosos sobrados, o cenário urbano das Campinas do século XIX. Observar os espaços de representação social das casas dos comerciantes, médicos, advogados, farmacêuticos, pequenos empresários, possibilitou que comparássemos o modo de habitar do estrato intermediário da população campineira.[83]

Nas residências dessa camada populacional, a quantidade de cômodos era em menor número, mas a preocupação em copiar o luxo e a decoração das casas da aristocracia revelou-se apenas nos casos em que esses personagens constituíram famílias.

Os comerciantes, médicos, farmacêuticos e pequenos empresários solteiros, não se preocupavam com o luxo, mas com o acúmulo de bens de raiz.[84] Os avaliadores, no momento das descrições dos bens dos pequenos empresários, privilegiaram os bens do negócio descrevendo a mobília da casa em conjunto.

Os dados fornecidos pelos inventários revelaram-nos que a presença feminina era crucial nos padrões estéticos das moradias. Cabia às mulheres a escolha do mobiliário e dos objetos de decoração. Elas estavam

---

83 Preferimos trabalhar com estratos sociais e não com classes sociais, mas autores como Amaral Lapa consideravam esse estrato social como pequena burguesia em ascensão, ávida por copiar o estilo de vida aristocrático. Lapa, *op. cit.*, p. 103.

84 Dos 85 inventários fizemos uma consulta, com a ajuda da informática, separando os documentos por profissão dos inventariados. Consideramos como comerciantes: donos de lojas (armarinho, máquinas, loja de fazendas), açougue, hotel, material de construção e gêneros alimentícios e miudezas. Como pequenos empresários, os proprietários de serraria e marcenaria, metalurgia, fábrica de chapéus, donos de escolas, proprietários de prédios. No caso do comerciante de gêneros alimentícios, verificamos tratar-se de um negócio para manutenção das despesas da casa; o marido e a esposa é que cuidavam. O montante descrito neste inventário (2:680$000) fez com que o considerássemos como uma família que vivia similarmente à parcela pobre da cidade. Inventário TJC, 2.Ofício, 1905, Cx.282, Proc.5790.

diretamente ligadas à constituição desse universo de provas materiais do comportamento pessoal e familiar e com os valores burgueses no espaço doméstico, que se tornavam a vitrine, não apenas dela, mas de toda a família.[85] Eram as esposas as responsáveis pela realização das festas e jantares, sociabilidade vital para a conquista de novos parceiros comerciais e de novas alianças político-econômicas para seus maridos.

D. Ana Helena Krug, esposa de Francisco Krug, proprietário de "estabelecimento industrial de serraria e marcenaria", possuía uma casa de morada

> a quadra de terreno sita entre as ruas São Carlos e Conego Sipião, Álvares Machado e Senador Saraiva, com benfeitorias, [...], desmembrando em dois corpos [...]; um corpo: a área de terreno entre as ruas Senador Saraiva, São Carlos e Álvares Machado e o segundo corpo descrito [quintal], compreendendo a casa de morada sita pela frente a rua São Carlos, fazendo canto na rua Álvares Machado e seus compartimentos contíguos, para a serraria [...] e para a marcenaria ao fundo da serraria [...] no valor de 12:500$000.[86]

O toque feminino de D. Ana não passou desapercebido ao avaliador, que foi minucioso na descrição da mobília, fazendo-a cômodo a cômodo.

> Sala de visita: Por uma mobília constando de um sofá, dois consoles, doze cadeiras e uma mesa de canto por 250$000; um piano de madeira envernizada, 200$000, um espelho, 8$000; dois candieiros de querosene, 10$000. Varanda [sala de jantar]: um relógio de parede, 60$000; uma mesa de jantar,

---

85 Carvalho, *op. cit.*, 2001, p. 72.
86 Inventário TJC, 3.Ofício, 1889, Cx. 492, Proc. 7549, fls. 11

5$000; doze cadeiras lisas, 50$000; uma mesa pequena, 5$000; [Subvaranda]: um armário 2$000; uma mesa grande 5$000.[87]

No caso de João Domingos Passaglia, um alfaiate que morava com a esposa e seus três filhos menores à rua Doutor Quirino, número 121, D. Virginia Passaglia dispunha de:

> uma mesa redonda para centro, meio uso, 20$000; um guarda-louça, meio uso, 40$000; uma mesa pequena, 15$000;1 espelho com moldura 20$000; uma mesa de jantar, 30$000; seis cadeiras austríacas, 24$000; uma marquesinha, meio uso, 15$000; uma mobília austríaca, meio uso com dezoito peças, incluindo cadeira de balanço por 300$000.[88]

O luxo e a quantidade de móveis nestas casas estavam aquém da aristocracia, mas a preocupação em seguir os mesmos padrões foi observada na disposição das cadeiras e sofás em forma de U, obedecendo a hierarquia patriarcal nas salas de estar. Nas salas de jantar, em torno da mesa, existiam cadeiras sem braços com assentos de palhinha, quando não apenas cadeiras para os anfitriões; e seus convidados sentavam-se em banquinhos ou tamboretes.

O senhor Antônio Gomes Tojal, proprietário de um armarinho e de dezenove imóveis na cidade, vivia modestamente. Natural da freguesia de Chariem, do conselho de Melgaço do Minho, no Reino de Portugal, nunca se casou; deixou filhos de mulheres diferentes as quais foram beneficiadas em seu testamento. Na sala de estar da casa de morada à rua Ferreira Penteado, número 50, constou:

---

[87] Inventário TJC, 3.Ofício, 1889, Cx. 492, Proc. 7549, fls. 11v, 12 e 12v.
[88] Inventário TJC, 3.Ofício, 1892, Cx. 507, Proc. 7655, fls. 10 e 10v.

uma pequena mobília constando de um sofá, quatro aparadores, duas cadeiras de balanço, doze ditas pequenas, duas ditas de braço, uma mesa de centro por 50$000; um espelho, 40$000; três candelabros, 70$000; um par de escarradeiras de louça e um tapete por 8$000. Na sala de jantar encontramos: uma mesa e dez cadeiras por 40$000; uma talha para água 8$000; seis quadros na parede, 18$000; um armário pequeno, 30$000.[89]

Joaquim Pedro Kiehl, proprietário de uma loja que vendia máquinas de costura e objetos de ferro, na década de 1870, acumulou em imóveis a quantia de 118:000$000 e o esmero de sua esposa com a decoração de sua casa de morada pode ser percebido pela mobília que somava 730$000. Dentre seus móveis, encontramos

uma mesinha de cabreúva, 10$000; um guarda roupa pequeno, 30$000; uma meia cômoda sem verniz, 30$000; [...] um piano [bozo] usado, 400$000; uma mesinha de abrir, 10$000; uma mesinha sem verniz, 10$000; uma cama francesa de molas, 50$000; uma mobília composta de: mesa redonda, duas mesinhas, marquesa e doze cadeiras envernizadas com palhinha por 120$000; uma cadeira de balanço, 5$000; uma mesa de jantar com gavetas, 30$000; uma mesa pequena, 5$000; seis cadeiras de cabriúva sem verniz, 18$000.[90]

A observação das residências da aristocracia e dos estratos intermediários nos mostraram que a quantidade de móveis e objetos de decoração

---

89 Inventário TJC, 3.Ofício,1892, Cx. 506, Proc. 7653, fl. 9.
90 Inventário TJC, 3.Ofício, 1877, Cx. 454, Proc. 7304, fls. 13v e 14.

variavam em valores e quantidade. Mas a residência dessa camada média seguia os mesmos padrões estéticos adotados pela elite na escolha do móveis e adornos, revelando-nos a preocupação em aparentar bom gosto e refinamento como uma forma de conseguir reconhecimento social.

Com relação às casas das famílias mais pobres, por exemplo, dos ferroviários, dos imigrantes, dos ex-escravos, a descrição do mobiliário e dos utensílios são precárias. Os inventários fornecem-nos pouca informação dos móveis existentes, detendo-se em objetos e utensílios de ouro, prata e cobre, por possuírem um relativo valor.

Eram casas pequenas, em muitos casos com telhado de uma água, com sala, quarto e cozinha, onde as refeições eram preparadas e consumidas. A quantidade de mobília, objetos de decoração e utensílios era mínima, sinal que o dinheiro era curto e gasto em coisas mais prementes. Canastras muitas vezes revestidas em couro, marquesa grossa com armação, catre, armário pequeno para a louça ou simplesmente caixa de vários tamanhos com fechaduras ou não, guardavam as roupas e outros objetos de maior valor, além de servirem como bancos, na falta de cadeiras.

No inventário de Ana Joaquina de Sousa, a discriminação do avaliador ficou evidente, pois ele não a tratou como "Dona" e ainda deixou claro a simplicidade e escassez dos móveis de quarto desta senhora. Seu filho, Manoel José de Oliveira, herdou:

> um banco largo velho com descanso, 1$000; um banco estreito pouco usado $500; dois tamboretes muito velhos forrado de couro, $160; um bofetinho muito ordinário com uma gaveta sem fixadeira, 1$500; três catres usadas, duas tecidas em couro, uma em imbira, 2$640; três banquinhos muito baixos e [__?], $200; um escovaçador, $640; uma módica de quarto, $320.[91]

---

91 Inventário TJC, 1.Ofício, 1850, Cx. 154, Proc. 2798, fl. 36.

As visitas dos amigos ao casal Germano Stefanini e sua segunda esposa, Germana Pasqua, com certeza eram bastante breves. A exígua mobília evidenciava o despojamento dos bens materiais.

> Os bens constam de uma pequena casa no bairro Guanabara a rua 1 de Março e de 1 pequeno negócio no mesmo bairro. Casa, quintal sita a rua 1 de Março no bairro Guanabara com uma porta e duas janelas [...] assoalhada [...] 2:500$000; uma cômoda, 50$000; duas mesas de madeira, 20$000; duas camas [?], 30$000; duas cadeiras com braços, 40$000; um armário, 10$000.[92]

Ana Cândida de Oliveira teve uma melhor sorte; dentre seus bens achava-se ouro, prata e cobre, de pouca monta:

> ouro velho pesando 8 oitavas 80$000; prata velha em cabo de faca e em cabo de chicote pesando 8 oitavas 24$960; duas escovaçadeiras, 2$000; catre usado de cama, 3$000; [...] uma caixa maior, 2$500; outra caixa mais pequena, 1$000; um armário pequeno, 3$000.[93]

Esse padrão de moradia repete-se nos inventários dessas famílias menos abastadas da cidade. Mesmo detentoras de algumas peças e objetos de relativo valor, não implicavam o domínio de costumes e práticas que pudessem associá-las a outros grupos melhor situados na hierarquia social.

---

92 Inventário TJC, 2.Ofício, 1905, Cx. 282, Proc. 5790, fls. 4, 4v, 8 e 8v.
93 Inventário TJC, 1.Ofício, 1855, Cx. 173, Proc. 3029, fls. 8v e 9.

As alcovas: espaços de reclusão e intimidade

O acesso aos dormitórios ou às alcovas só era permitido aos seus moradores e escravos de dentro.[94] Era o cômodo da casa dedicado ao descanso, à reclusão. A mobília compunha-se de camas com entalhes ornamentais nas cabeceiras, cômodas e guarda-roupas, cadeiras de palhinha, cortinas, urinóis, escarradeiras, os jarros e bacias para o toilete, os *psyches*, e os toucadores. As marquesas com colchões, redes e cadeiras de balanço eram dispostas nos alpendres conjugados aos dormitórios.

Figura 39 – A higiene pessoal, antes da água encanada, dependia de acessórios, como bacia e ânfora de prata ou louça, presente em quartos e salas de jantar. As senhoras e sinhaninhas embelezavam-se para as festas penteando-se, passando pó-de-arroz e perfumando-se. À esquerda: Bacia e Jarro de prata com monograma. Séc. XIX. À direita: Peças de toucador. Séc. XIX. (Acervo Ana Maria Nogueira de Camargo).

O requinte do ambiente dependia do poder aquisitivo das famílias. Objetos de adorno como *psyché*, davam charme aos dormitórios. Trata-se de um móvel raro no Brasil nesse período, era encontrado apenas nos paços e solares.[95] Em Campinas, a família Ferreira Penteado possuía um

---

[94] Era a denominação dada aos escravos que trabalhavam nas casas-grandes da fazenda e nas casas urbanas de seus senhores.

[95] Bayeux, Glória; Saggese, Antônio. *O móvel da casa brasileira*. São Paulo: Museu da Casa Brasileira, 1997.

exemplar desse belo móvel em seu solar que mantinha à rua do Regente Feijó, número 31, esquina da rua Ferreira Penteado.

Figura 40 – A delicadeza de seus entalhes faziam-no de uma beleza ímpar. Ernani Silva Bruno considerava este móvel como objeto de adorno. Psiché. Séc. XIX. (Acervo Ana Maria Nogueira de Camargo).

Os escritórios: reduto masculino

O escritório, nessa nova habitação era um reduto masculino, um refúgio dos donos da casa; normalmente provido de portas sólidas com fechaduras tendo no seu interior os móveis destinados à guarda de documentos, livros de contabilidade e do dinheiro. Localizava-se na parte frontal da casa, acentuando a sua ligação com o ambiente externo. Essa disposição evitava que pessoas estranhas circulassem por áreas da residência reservadas aos moradores e seus criados.

Nos inventários dos médicos e advogados observamos que os avaliadores detinham-se com mais cuidado na descrição desse cômodo que era utilizado para o atendimento aos clientes. E, no caso dos médicos em particular, verificamos que nesse aposento ficava guardada sua biblioteca médica e, em alguns casos, de literatura.

O inventário do Dr. Tomás Alves, importante médico da cidade clinicando desde 1886,[96] trouxe descrito "os móveis existentes no escritório, inclusive mesa de curativo e algumas peças de cirurgia e mais pertences, no valor de 500$000; a biblioteca literária, incluindo as estantes, no valor de 4:5000$000; a biblioteca de medicina, com estantes, no valor de 1:5000$000."[97]

Figura 41 – As famílias guardavam seus principais documentos em móveis do tipo papeleiras ou escaninhos com chaves. Escaninho. Início séc. XX. (Acervo pessoal).

Em seus escritórios os aristocratas recebiam os amigos, os aliados políticos e tratavam de tudo que se relacionava aos seus negócios. Esses gabinetes em geral eram mobiliados com escrivaninhas, cadeiras com braço, um pequeno sofá, mesinhas de canto e estantes envidraçadas para os livros. As paredes eram forradas por papéis de parede, quadros e alguns retratos da família. Sobre a mesa ficavam os candelabros com

---

[96] *Almanaque do Correio de Campinas*. Organizado e publicado por Henrique de Barcelos. Campinas: Typ. Correio de Campinas, 1886. p. 11.
[97] Inventário TJC, 2.Ofício, 1920, Cx. 312, Proc. 6007, fls.8v e 9.

mangas de vidro ou cristal e os objetos de uso pessoal como a caneta, o tinteiro e a espátula de abrir cartas.

Figura 42 – Os objetos de uso do patriarca estavam sempre arrumados sobre a mesa do escritório. Somente as esposas limpavam sua mesa, nenhum escravo ou criado tinha permissão para fazê-lo. Jogo de caneta, tinteiro e espátula em prata. Séc, XX, (Acervo do Museu Republicano "Convenção de Itu").

A cozinha: espaço dos cheiros e sabores

Após passarmos pelos vários cômodos que compõem as residências dos vários estratos sociais, chegamos ao ambiente mais "saboroso" da casa, a cozinha. Localizada do lado oposto à sala de visitas, ligada, habitualmente, à sala de jantar, havia de passar antes pela despensa e pelo quarto dos doces e queijos.[98] Era o único ambiente da casa com utensílios semelhantes, tanto para os ricos quanto para os pobres, nesse período. Diferenciava-se apenas no tamanho, obviamente proporcional ao tamanho da casa.

---

98 Homem, Maria Cecília Naclério. *Café, Indústria e Cozinha*: passagem da cozinha rural a urbana: São Paulo, 1830-1918. Museu Republicano Convenção de Itu, Museu Paulista–USP. Palestra ministrada no I Seminário de História do Café: História e Cultura Material. <www.mp.usp.br/cafe/textos/Maria%20Cec%C3%ADlia%20 Nacl%C3%A9rio%20Homem.pdf>. Acesso em 15 nov. 2006.

Nas cozinhas das famílias abastadas, amplas e espaçosa, circulavam apenas os membros da família e os serviçais. Tachos de cobre, pilão de mão, gamelas, raladores, peneiras, colheres de pau, alguidares, pratos e talheres de uso diário eram utensílios indispensáveis nas cozinhas campineiras. Além, é claro, do fogão a lenha e, em algumas residências, também era utilizado o forno de barro para torrar grãos, como o milho e o café, e para os assados, pães e biscoitos.

Figura 43 – Os fornos de barro eram utilizados para torrar farinha, café. À esquerda ruínas de um forno localizado na parte de trás da casa grande da Fazenda Sete Quedas, Construção do [séc. XIX]. À direita: Cozinha caipira. Pintura de Almeida Jr. mostrando os detalhes de uma típica cozinha paulista. (Fotografia Rômulo Fialdini).

No processo de modernização das casas, os proprietários preocupados com a questão da salubridade e da ventilação dos ambientes passaram a construir a cozinha afastada do corpo principal da casa, evitando que os odores, a fumaça e a fuligem impregnassem a residência.

Entre final do século XIX e o início do XX, as cozinhas deixariam de ser mal cheirosas e feias para se tornarem limpas, claras e belas. Ocorreram modificações nos utensílios, e tornou-se o espaço de uso exclusivo das louças de cerâmica, dos alguidares, das gamelas e das panelas de ferro. Passou a receber louças vidradas, faianças portuguesas e inglesas, além dos utensílios como as batedeiras de ovos e de manteiga manuais e o moinho de café em substituição ao pilão.

O fogão a lenha passaria a ter outros companheiros, os fogões de ferro fundido, também chamados de fogão econômico, porque gastavam menos lenha e possuíam chama mais duradoura, sendo equipados com serpentinas.[99]

Figura 44 – Esses fogões tinham um aspecto próximo dos atuais. Com várias bocas, possibilitava o cozimento simultâneo de várias panelas e, ainda, possuía um pequeno forno e uma caldeira que mantinha a água sempre quente. Durante vários anos eles conviveram com os fogões a lenha. Fogões de ferro. Séc.XIX.

As famílias campineiras valeram-se desse avanço tecnológico antes mesmo da capital da província. Em 1873, D. Maria Josefa da Conceição Vilela possuía, dentre os trens de cozinha "um fogão econômico novo por 230$000." Ao lado da modernidade, os velhos utensílios: "duas bandejas, 4$000; dois tachos de cobre pesando 26₤, 26$000; um tacho e uma bacia velha pesando 25₤, 20$000; três bacias de ferro velhos,

---

[99] Segundo Homem, os fogões econômicos chegaram a São Paulo por volta de 1880, com o incremento das ferrovias e com a isenção das taxas alfandegárias para a importação de máquinas e demais bens de consumo. Após alguns anos, eles passariam a ser fabricados no Brasil, na fábrica de fogões São Pedro, no Rio de Janeiro. Homem, *op. cit.*, 2006; Homem, *op. cit.*, 1996, p. 56.

14$000; uma panela de ferro, 20$000".[100] D. Aristéa Brasiliana de Lemos Barreto não ficou para trás e equipou sua cozinha com "um fogão econômico, no valor de 250$000"

Adentrar a cozinha da aristocracia campineira durante a segunda metade do século XIX seria imaginá-la com os utensílios expostos em prateleiras, armários e mesas. Os tachos de cobre de variados tamanhos, devidamente areados, as panelas dispostas nas prateleiras, a tina com água fresca, os fogões econômicos e à lenha, enfim, encontramos todo o arsenal necessário para o preparo das refeições, do desjejum à ceia. Nos guarda-louças as latas de biscoito, as compoteiras, os doces cristalizados, cuidadosamente preparados com frutas regionais colhidas de seus pomares.

Figura 45 – Batedor de manteiga manual, mantegueira. Séc.XIX. (Exposição Terra Paulista, SESC–Pompeia, SP.). À direita: O tacho de cobre era utensílio obrigatório nas cozinhas. Eles eram utilizados no preparo de doces. Séc.XIX. (Acervo Ana Maria Nogueira de Camargo).

Os trens de cozinha apareciam nos inventários de forma geral, sendo que muitos dos utensílios apontados por nós ficaram no campo da hipótese. Os avaliadores os descreviam em blocos; bateria de cozinha, por exemplo. Nos casos em que os utensílios foram descritos item a item, detectamos a existência de caçarolas, panelas de ferro, caldeirões, chocolateira, chaleira e forno.

---

100 Inventário TJC, 1.Ofício, 1873, Cx. 257, Proc. 4359, fls. 20 e 20v.

Figura 46 – Muitas das atividades cotidianas do preparo das refeições, as escravas realizavam em espaços externos as cozinhas. O pilão, os alguidares, gamelas e cestos eram de uso diário, mesmo que não constassem da relação de bens a serem partilhados. (Laurens, J. *Pilage du café*. Imp. Lemercier, 1859-61. Contribuitor: Charles Ribeyrolles (1812-1860). (Acervo da Fundação da Biblioteca Nacional – Brasil).

Dos 85 documentos fichados encontramos menção em apenas três deles às louças de barro. D. Ana Matilde de Almeida, mãe do futuro Visconde de Indaiatuba, possuía em sua casa na cidade: "uma porção de louça de barro no valor de 1$280."[101] A esposa do Comendador Francisco Teixeira Vilella adquiria nos empórios da cidade "gamelas, louça de barro para a casa e peneira",[102] conforme constou na nota de compra anexada a seu inventário. A outra descrição referiu-se a garrafas de barro para água e gamelas constando na residência urbana e rural, respectivamente, de D. Maria Benedita de Camargo Andrade: "par

---

101 Inventário TJC, 1.Ofício, 1844, Cx. 131, Proc. 2460, fl. 8v.
102 Inventário TJC, 1.Ofício, 1873, Cx. 257, Proc. 4359, fl. 111.

de garrafas de barro para a água avaliado por 6$000 ; doze gamelas de diversos tamanhos avaliado por 7$000."[103]

Figura 47 – Moringas e jarras de barro, objetos indígenas incorporados ao uso cotidiano das famílias paulistas. Variedade de potes de barro. (Fazenda do Engenho, Itapira, SP).

Em seu sobrado à rua Doutor Quirino, número 1, a Baronesa de Ibitinga equipou sua cozinha com: "mesa com pedra de mármore, lavatório com pedra de mármore, dois fogões econômicos de ferro, relógio e mesa ordinária avaliado por 110$000."[104] Na despensa: "dois armários ordinários, caixão para mantimentos, duas mesas ordinárias, guarda comida avaliado por 140$000."[105]

D. Guilhermina Langaard contava em sua cozinha com "um fogão econômico, um armário, uma mesa, duas cadeiras e trem de cozinha no valor de 50$000."[106] A simplicidade dos bens descritos não poderia deixar de ser mencionada, visto que o Dr. Otto Langaard era um "conceituado"

---

[103] Inventário TJC, 4.Ofício, 1873, Cx. 225, Proc. 4684, fls. 22 e 35.
[104] Inventário TJC, 1.Ofício, 1892, Cx. 373, Proc. 5903, fl. 35v.
[105] Inventário TJC, 1.Ofício, 1892, Cx. 373, Proc. 5903, fl. 35v.
[106] Inventário TJC, 3.Ofício, 1892, Cx. 507, Proc. 7656, fls.3v. e 7.

farmacêutico, proprietário de um sobrado de morada, cujo andar térreo era ocupado por sua farmácia, no centro da cidade de Campinas. É muito provável que o avaliador tenha desprezado os utensílios como pratos, talheres, copos e xícaras necessários ao cotidiano alimentar, por considerá-los de pouco valor monetário.

Figura 48 – Talheres de uso diário pertenceu a uma família de imigrantes italianos que vieram para as lavouras de café do interior paulista. Garfo e colher. Início do séc. xix. (Acervo Morelli de Oliveira).

No caso da família do Comendador Torlogo O'Connor Paes de Camargo Dauntre, a descrição dos trastes de cozinha foi mais detalhada, mas também revelaram certo despojamento. Em sua casa à rua Sacramento, número 2, havia

> uma talha e suporte, 1$000; uma talha e suporte, 4$000; um banco para [jacadeira], 8$000; uma bateria de cozinha, 20$000; uma caixa para mantimentos, 10$000; uma prateleira, 5$000; um moinho para café, 6$000.[107]

Observamos que nas cozinhas das senhoras de famílias de menor poder aquisitivo, os artefatos resumiam-se a móveis do tipo guarda-louça, alguns pratos e talheres, caldeirões, bacias e tachos. Ana Joaquina de Oliveira possuía em sua casa: "um tacho grande velho de cobre, pesando 26£, 5$200; um outro tacho pequeno novo de cobre, pesando 14£,

---

107 Inventário TJC, 4.Ofício, 1909, Cx. 393, Proc. 6940, fls.16 e 19v.

12$600; uma bacia pequena de cobre, pesando 3 ½£, $700."[108] Já Isabel Schivatsmann possuía louças, prateleiras e "um moinho de café, por 1$000; trinta pratos sortidos, por 5$000; doze xícaras usadas, quatro travessas e doze peças de louça velha, tudo 7$000; pela bateria de cozinha, com banco e uma cadeira de pau, tudo 8$000."[109]

Figura 49 – Utensílios tão importantes quanto fogo e o fogão. Nossas ancestrais preferiam os recipientes de ferro aos de alumínio, por cozerem mais lentamente os alimentos e por considerarem-nos benéficos à saúde. À esquerda: Chaleiras de ferro. Séc. XIX. À direita: Caldeirão de ferro. Séc. XIX. (Museu da Cidade de Ubatuba, SP).

Na cozinha as mulheres eram as regentes; controlavam os mínimos detalhes e impunham seus desejos, administrando os espaços dos serviços da casa. Ainda que pertencesse ao mais rico palacete, a cozinha era o local em que a praticidade dos móveis e utensílios sobrepunha-se à suntuosidade. Ali, as sinhás e senhoras exibiam suas verdadeiras preciosidades, as receitas culinárias, e seus predicados de boa dona de casa. Aquele era o local "sagrado" do ritual culinário que dava vida às receitas e às delícias preparadas com esmero.

Ambiente dos cheiros e sabores, as cozinhas desde os tempos coloniais tornaram-se espaços da transmissão de nossas tradições alimentares, que, no caso brasileiro, contou com o rico entrelaçamento

---

108 Inventário TJC, 1.Ofício, 1860, Cx. 190, Proc. 3289, fl.3.
109 Inventário TJC, 4.Ofício, 1891, Cx. 281, Proc.5298, fls.13, 13v e 14.

de saberes, sabores e paladares de várias culturas. As mães passavam às filhas seus ensinamentos oralmente ou nos cadernos de receitas, importantes testemunhos de nossos hábitos alimentares, confeccionados para o enxoval das futuras senhoras.

Era o caso de D. Custódia Leopoldina de Oliveira que, valendo-se de seus quatro cadernos de receitas,[110] orientava suas escravas no preparo de doces, biscoitos, pudins e bolos consumidos cotidianamente por sua família, ou na elaboração do cardápio do jantar ou banquete que seria oferecido à sociedade. A leitura desses cadernos revelou-nos que os doces representavam mais de 90% do total de receitas ali contidas. Dentre os quitutes encontramos os sequilhos, biscoitos de casa, bolo da rainha, uma variedade de doces como os de abóbora, de pêra, de leite, de figo verde ou maduro e de pêssego. E, nas ocasiões festivas, tais como casamentos ou batizados, o refinamento se fazia presente no arranjo das bandejas de prata e na confecção de doces mais sofisticados, como por exemplo, os alfenins, as fitas de coco, os beijos de amêndoas e os doces de café.[111]

Os dados dos inventários analisados indicaram que a casa campineira foi se transformando conforme a cidade foi vivenciando seu crescimento econômico. A sociabilidade e as práticas cotidianas demonstravam que os núcleos familiares se refinavam e usavam destes elementos para se distinguirem perante seus pares.

Os estratos intermediários da sociedade seguiam os mesmos padrões comportamentais das elites porque desejavam fazer parte dela, frequentar

---

110 *Cadernos de receitas* (1863; 1873). Coleção Quirino dos Santos e Simões. Centro de Memória–Unicamp.

111 O livro *Delícias das sinhás* traz importantes reflexões sobre a tradição alimentar da sociedade campineira da segunda metade do século xix e início do xx. Os autores basearam-se em cadernos de receitas manuscritos. Bruit, Héctor Hernán; Abrahão, Eliane Morelli; Leanza, Deborah D'Almeida; Abrahão, Fernando Antonio (orgs.). *Delícias das sinhás:* história e receitas culinárias da segunda metade do século xix e início do xx. Campinas: CMU–Publicações, Arte Escrita, 2007.

seus salões. Um meio utilizado pelos comerciantes, médicos e pequenos empresários foi o acúmulo de capital. Esse poder econômico permitia a eles mobiliar luxuosamente seus lares e, ao valerem-se dos mesmos símbolos da aristocracia, esperavam ser reconhecidos e aceitos pela elite.

A mudança, no entanto, não se restringia às elites e nem atingiam todos os segmentos da sociedade. Pessoas de condição econômica intermediária ou inferior partilhavam dessas mudanças nas formas de morar, como a separação de gêneros e a divisão dos papéis sociais. Independentemente a que posição social pertençam, o papel patriarcal, por exemplo, é preservado em alguns cômodos da casa.

Capítulo III

As famílias da elite campineira no XIX:
a sociabilidade a partir dos
objetos do cotidiano

Figura 50 – Sala estar do solar da senhora Olívia G. Penteado. (A Cigarra, 1933).

Figura 51 – Sala estar do solar da senhora Olívia G. Penteado. (*A Cigarra*, 1933).

O mobiliário e os objetos das salas de estar e jantar, cenário da sociabilidade, retratam as condições de conforto e ordenação e, de maneira inequívoca, proporcionavam a celebração de seus moradores. Olívia Guedes Penteado era filha do primeiro casamento do senhor Joaquim Ferreira de Camargo Penteado, Barão de Ibitinga, por sua vez filho do Barão de Itatiba.

Morar e viver na cidade. Campinas (1850-1900)

Práticas europeias: modelos para as famílias campineiras

> Ser moderno no caso é ser republicano e abolicionista, imigrantista e amante do progresso, higiênico e sintonizado com o que ia pela Europa e Estados Unidos, considerados modelares para serem transplantados, em muitas de suas soluções e costumes, para Campinas, então cenário ou protagonista de movimentos que aceleravam a sua velocidade histórica, redistribuíam seu espaço, tornavam suas noites mais claras e melhor aproveitadas, alterando suas formas de utilização das horas diurnas, a qualidade de vida, o viver na cidade...
>
> *José Roberto do Amaral Lapa*[1]

Esse período do apogeu do ciclo cafeeiro foi repleto de transformações. A abertura do comércio brasileiro a outros países (1808), um número cada vez maior de estrangeiros na sociedade, a quantidade de mercadorias disponíveis, a liberação da imprensa – que divulgava os modismos europeus –, faziam com que os brasileiros valorizassem acentuadamente os costumes praticados nas cortes europeias, principalmente a francesa e a inglesa. A França no século XIX era naquele tempo o modelo de civilização, de bom gosto e elegância para os países onde existia a nobreza.

As formas de comportamento decorrentes da ideologia de privatização que se consolidou na Europa ao longo dos séculos XVIII e XIX valorizaram o individualismo, as fronteiras entre o público e o

---

[1] Lapa, José Roberto do Amaral. *A cidade:* os cantos e os antros. Campinas 1850-1900. São Paulo: Edusp, 1995, p. 19.

privado, o universo familiar e a ritualização da vida cotidiana.[2] A obra de Norbert Elias, datada da década de 1930, foi inovadora nas suas abordagens sobre as questões da civilidade e na sua proposta de análise sobre as transformações dos modelos de comportamento europeus, contribuindo não só para a teoria social, como para a História.[3]

Segundo Elias, a ideia de civilização nasceu na França no século XVIII. Nessa época, o país expandia-se territorialmente com a colonização de novas terras e internamente difundia maneiras e tendências aristocráticas de corte, como forma de manter uma figuração social que assegurasse posições privilegiadas dentro da sociedade comum tanto à aristocracia quanto à burguesia. Essas elites começaram a preocupar-se com modos à mesa, higiene, gestos e a maneira como deveriam portar-se publicamente. A sociedade europeia vivia um momento de reposicionamento social e cultural, no qual a postura, o vestuário, os comportamentos externos ao homem atestavam a existência de uma estrutura particular de relações humanas, de uma estrutura social peculiar que acabou por tornar-se um padrão ocidental de civilização.[4]

---

2   Lima, Tania Andrade. Pratos e mais pratos: louças domésticas, divisões culturais e limites sociais no Rio de Janeiro, século XIX. *Anais do Museu Paulista*: nova série, v. 3, jan./dez.1995.

3   Elias, Norbert. *O processo civilizador*. uma história dos costumes. 2.ed. Rio de Janeiro: Zahar, 1994.

4   Norbert Elias analisou a influência que os manuais de bom comportamento tiveram para a sociedade europeia, em um momento de reposicionamento social e cultural. Esses manuais eram difundidos pelas elites, servindo de modelo para a burguesia e para a população em geral, que desejavam seguir os padrões adotados pelas classes mais ricas. Elias, *op. cit.* No Brasil os manuais foram amplamente divulgados, e J. I.Roquete tornou-se bastante popular entre os nobres do Império. Roquete, J.I. *O código do bom-tom*. Organização Lilia Moritz Schwarz. São Paulo: Companhia das Letras, 1997. (Série Retratos do Brasil). Esse tema sobre os modos e

Esses padrões de civilização atravessaram o Atlântico e aportaram em terras brasileiras com a família real em 1808. Foi um momento marcado pela sociabilidade, com festas realizadas nos recém-construídos salões imperiais e nas grandes residências familiares, alterando os modos da boa sociedade do Rio de Janeiro do século XIX.[5]

Para a aristocracia cafeeira paulista de meados do século XIX e para a burguesia em ascensão, era imprescindível "igualar-se à burguesia e à aristocracia portuguesa."[6] Para isso "era preciso que a 'boa sociedade' adotasse valores e modos europeus, civilizando os costumes, eliminando os ares coloniais."[7] Como observou Maria Cecília Naclério Homem, ser "civilizado" era ser educado e levar a vida conforme as metrópoles europeias, entre as quais não podia faltar Paris.[8] Essa civilidade ou *civilité* advinha de um conceito medieval de boas maneiras denominado *cortesia*, justamente por ser praticado pelos nobres da "corte", o qual teve o nome alterado após a revolução industrial europeia, no século XVIII. Portanto, ter civilidade significava ter boas maneiras, saber e praticar a etiqueta, conter as emoções e ser polido.[9]

---

a etiqueta foi abordado por Pilla, Maria Cecília Barreto Amorim. *A arte de receber:* distinção e poder à boa mesa. 1900-1970. Tese (Doutorado em História). Faculdade de História, Universidade Federal do Paraná, Curitiba, 2004.

5 Rainho, Maria do Carmo Teixeira. A distinção e suas normas: leituras e leitores de manuais de etiqueta e civilidade – Rio de Janeiro, século XIX. *Acervo,* Rio de Janeiro, v. 8, n. 1-2, p. 139-152, jan./dez. 1995.

6 Rainho, Maria do Carmo Teixeira. *A cidade e a moda.* Brasília: UnB, 2002, p. 15.

7 *Idem.*

8 Homem, Maria Cecília Naclério. *O palacete paulistano e outras formas de morar da elite cafeeira.* 1867-1918. São Paulo: Martins Fontes, 1996, p. 55.

9 Elias, *op. cit.*, Margaret Visser analisa os comportamentos à mesa da pré-história até os dias atuais, em especial a partir dos múltiplos significados dos rituais em torno do jantar. Visser, Margaret. *O ritual do jantar.* as origens, evolução, excentricidades e significado das boas maneiras. Rio de Janeiro: Campus, 1998.

A criação de um ambiente dedicado especialmente às refeições, na casa moderna do século XIX, mostrou a importância que essas ocasiões e, consequentemente, os rituais à mesa, tinham para as elites; visto que as boas maneiras em sociedade tornaram-se veículo de distinção, diferenciação e integração social.[10] Além disso, os sinais externos de diferenciação social, desde o gestual até o aspecto material representado pelos utensílios e a estética das refeições, tornaram-se imprescindíveis para a demarcação do homem polido e bem educado.[11]

As transformações fizeram-se visíveis no cotidiano da cidade de Campinas da segunda metade do século XIX, na medida em que os periódicos locais (diários e almanaques) começaram a publicar anúncios de mobiliário, joias, roupas finas, livros e equipamentos diversos difundindo o modelo europeu de morar, de vestir-se e de viver.

A Livraria Casa Genoud, localizada à rua Barão de Jaguara, mantinha uma espécie de salão de beleza para senhoras. Sua proprietária, madame Genoud, trazia as últimas novidades de Paris para as mulheres da sociedade. Além do salão, a livraria funcionou como importante espaço social, um ponto obrigatório de reunião de artistas, escritores e todo o le *grand monde* de Campinas.[12]

---

10 Pilla, *op. cit.*, p. 44.

11 Lima, *op. cit.*, 1995.

12 Battistoni Filho, Duílio. *Campinas:* uma visão histórica. Campinas: Pontes, 1996. p. 51; Lapa, *op. cit.*, p. 141-61.

Figura 52 – As livrarias no século XIX eram o centro elegante e procuradas pelos jovens intelectuais. Fundada em 1876, a Casa Genoud tornara-se um importante ponto cultural da cidade de Campinas. Em 1922, possuía um escritório em *São Paulo. Álbum Histórico Ilustrativo Informativo-Campinas Ontem/Hoje.* (Acervo CCLA–Campinas).

Vimos que os burgueses eram mais severos que os aristocratas quanto aos padrões de civilidade, porque estavam ansiosos por compartilhar dos mesmos espaços sociais frequentados pela aristocracia cafeeira. Por isso, implantaram regras de comportamento bastante coercitivas. Alguns signos classificatórios como, por exemplo, rural e urbano, repugnância e asseio, rústico e luxuoso, passaram a designar hierarquias socioculturais.[13]

Nossa análise dos Inventários *post mortem* revelou que os homens e mulheres da elite, procurando seguir os padrões de comportamento europeus, adquiriam livros com títulos que variavam do romance a culinária, além da mobília, objetos de decoração, roupas, alimentos e bebidas.

---

13 Bruit, Héctor Hernán; Abrahão, Eliane Morelli; Leanza, Deborah D'Almeida; Abrahão, Fernando Antonio (org.). *Delícias das sinhás:* história e receitas culinárias da segunda metade do século XIX e início do XX. Campinas: CMU–Publicações, Arte Escrita, 2007.

Figura 53 – As notas fiscais anexas aos inventários post-mortem fornecem-nos informações significativas do cotidiano familiar e da sociedade da época. Vimos que o senhor Muller Bernhardt adquiria na Grande Confeitaria Minerva confeitos finos, peras e pêssegos franceses, geleia francesa, dentre outros alimentos e bebidas para o consumo de sua família. (Inventário TJC, 4.Ofício, 1896, Cx.303, Proc. 5517. fl.14 – Arquivos Históricos CMU–Unicamp).

D. Elisa Soares Kiehl preparava as refeições da família valendo-se de ingredientes importados. No inventário de seu marido encontramos uma nota de compra do Grande Armazém de Cerqueira & Amaral com os seguintes itens: "macarrão, letria, aspargos, azeite doce fino, queijo suíço, bacalhau, manteiga do reino." As bebidas eram: "vinho do Porto.1, conhaque Marteu, Yonzac, cerveja Bass, licor Scherry [Cordial]." Para a confecção das sobremesas, Elisa tinha à mão: "(...) amêndoas, passas, nozes." Os "biscoitos alemães ou inglês" eram acompanhamento obrigatório para o café ou o chá.[14]

Para a aristocracia, o poder significava, além da "boa aparência", manter a riqueza e o prestígio. Uma das estratégias para a manutenção e a ampliação de seu poderio era o casamento. No trabalho de Maria Helena Trigo há a observação de que casar bem os filhos era fundamental para estabelecer alianças com outras famílias, obter mais crédito ou

---

14 Inventário TJC, 3.Ofício, 1877, Cx. 454, Proc. 7304, p. 52.

ser melhor representado nos meios políticos. O grupo familiar é o local privilegiado na formação de atitudes e na interiorização da distinção social: o gosto natural, aquele que vem do berço, em contraposição ao que consideram como "verniz" cultural, advindo de aprendizagens tardias, geralmente em colégios.[15]

A origem da família paulista foi bem diversificada, quebrando a ordem hegemônica integradora dos valores e costumes guardados pela igreja e pelo Estado.[16] Estudos recentes têm mostrado que mesmo no século XIX, com a multiplicação das fazendas de café, apenas 26% das famílias paulistas correspondiam ao tipo extenso e patriarcal. A grande maioria delas era constituída por tipos nucleares, apresentando arranjos diversos.[17]

Desde os tempos coloniais os paulistas preservaram valores que consideravam o compadrio como uma relação altamente significativa. Ter um

---

[15] Trigo, Maria Helena Bueno. *Os paulistas de 400 anos*: ser e parecer. São Paulo: Annablume, 2001.

[16] Estudos apontam que em São Paulo não houve o predomínio de um modelo de família patriarcal, fundada na ordem e autoridade do patriarca, como elaborou Gilberto Freyre em seu livro *Casa-grande & Senzala*. Sobre esse tema da família, podemos citar os seguintes textos: Almeida, Ângela Mendes de; et.al. (org.). *Pensando a família no Brasil*. Rio de Janeiro: Espaço e Tempo, Edit. da UFRJ, 1987; Samara, Eni de Mesquita. *A família brasileira*, 3ª ed. São Paulo: Brasiliense, 1986. (Coleção Tudo é história, n. 71); Samara, Eni de Mesquita. *A família na sociedade paulista do século XIX (1800-1860)*. Tese (Doutorado em História). Faculdade de Filosofia, Letras e Ciências Humanas, Universidade de São Paulo, São Paulo, 1980; Bacellar, Carlos de Almeida Prado. *Os senhores da terra*. Campinas: Centro de Memória–Unicamp, 1997. (Coleção Campiniana, v. 13); Algranti, Leila Mezan. Famílias e vida doméstica. In: *História da vida privada no Brasil*. São Paulo: Companhia das Letras, 1997, p. 113 (v. 1: Cotidiano e vida privada na América Portuguesa); Trigo, *op. cit.*, 2001.

[17] Setubal, Maria Alice. Famílias paulistas, famílias plurais. In: *Terra Paulista*: histórias, arte, costumes. São Paulo: Cenpec, Imprensa Oficial, 2004, p. 51-87. (v. 2: Modos de vida dos paulistas: identidades, famílias e espaços domésticos).

padrinho influente era também uma forma de ser bem aceito socialmente, dada a importância social do batismo, quer para os ricos ou para os pobres.[18] Nos inventários, quando da distribuição dos bens, essas relações familiares eram respeitadas e em muitas partilhas não importava o montante dos bens do falecido, porque os afilhados eram beneficiados mesmo quando restava muito pouco a ser distribuído.

Os casamentos consanguíneos eram uma característica das famílias das elites paulistas, que ajudariam a conservar o poder e os privilégios conquistados.[19] Para a realização dos enlaces, os patrimônios das famílias do noivo e da noiva eram cuidadosamente contabilizados no momento dos arranjos matrimoniais. Brazilia Oliveira Franco de Lacerda contou em seu livro de memórias que "a primeira classe era toda conhecida e quase todos parentes."[20] Para Carlos Bacellar,

> a seleção dos cônjuges faria parte de uma estratégia de vida previamente pensada, visando a estruturação de uma rede de relações familiares complementares às relações de cunho comercial. Quanto mais amplas e sólidas as relações estabelecidas, mais acessível seria o progresso socioeconômico da família.[21]

O historiador Paulo Eduardo Teixeira vinculou a origem da elite campineira aos ciclos econômicos do açúcar e do café, bem como a alguns aspectos da vida política e social de seus personagens, aliado aos casamentos consanguíneos. As uniões entre os jovens não tinham o amor como principal ingrediente, tendo em vista as inúmeras dispensas

---

18 Samara, *op. cit.*
19 Setubal, *op. cit.*, p. 84.
20 Lacerda, Brazilia Oliveira Franco. *Apud* Maluf, Marina. *Ruídos da Memória*. São Paulo: Siciliano, 1995, p. 185.
21 Bacellar, *op. cit.*, p. 92.

matrimoniais concedidas a diversos noivos, indicando que interesses materiais se sobrepunham aos sentimentais.[22]

A educação era considerada importante para a aristocracia, porque o estudo poderia ajudar no prestígio familiar com um filho transformando-se em "doutor". Muitas famílias da elite cafeeira enviavam seus filhos homens para estudar profissões liberais – médicos, advogados – em Portugal, na França e Inglaterra.[23] Tornara-se sinal de *status* exibir uma personalidade distinta, reconhecível e eurocêntrica.[24] A partir de 1827, esses jovens puderam usufruir das duas primeiras Faculdades de Direito do Brasil, uma na cidade de Olinda e a outra em São Paulo.

Esta última começou a funcionar em 1828 no convento franciscano ao lado da igreja de São Francisco, ali permanecendo até os dias atuais.[25]

No que diz respeito à educação das moças, eram em sua maioria mandadas para os colégios internos religiosos. Destaca-se a importância do Colégio Patrocínio, em Itu, instituição escolhida para a educação das filhas dos fazendeiros.[26] A partir de 1863, essas senhoritas já podiam permanecer em Campinas e utilizarem os serviços pedagógicos do Colégio Florence, de propriedade da imigrante

---

22 Teixeira, Paulo Eduardo. *A formação das famílias livres e o processo migratório:* Campinas: 1774-1850. Tese (Doutorado em História). Faculdade de Filosofia, Ciências e Letras, Universidade de São Paulo, São Paulo, 2004.

23 Needel, Jeffrey. *Belle époque tropical.* São Paulo: Companhia das Letras, 1993, p. 155.

24 Ribeiro, Renato Janine. *A etiqueta no antigo regime.* São Paulo: Moderna, 1999. (Coleção Polêmica).

25 Ernica, Maurício. Uma metrópole multicultural na terra paulista. In: *Terra Paulista:* histórias, arte, costumes. São Paulo: Cenpec, Imprensa Oficial, 2004, p. 157-84. (v. 1: A formação do Estado de São Paulo, seus habitantes e os usos da terra).

26 Essas informações foram exploradas por Mendes, José de Castro. Influência francesa no comércio. História de Campinas. *Correio Popular,* Campinas, p. 6-7, 21 out. 1968. Ernica, *op. cit.*, p. 157-84. Ver também Setubal, *op. cit.*, p. 84-85.

alemã Carolina Florence ou, como informou O *Almanaque Popular de Campinas para o ano de 1879,* poderiam frequentar a escola dirigida por D. Inácia A. de Camargo, exclusiva às meninas, como internas ou não. Estavam à disposição das famílias professores e professoras particulares para ensinar aos seus filhos línguas, música etc. Encontramos nos almanaques, a partir de 1871, nomes de profissionais aptos a lecionarem o francês, o inglês e o latim.[27]

Entre estas famílias campineiras vimos que se tornou habitual falar e escrever corretamente a língua francesa. Celso Maria de Mello Pupo relatou que, na casa do Barão Geraldo de Resende, a leitura francesa era usual e os membros da família falavam fluentemente o idioma. O barão, preocupado em aprimorar o conhecimento e a prática da língua entre suas filhas, quando estas se ausentavam em viagens, ele escrevia a elas em francês.[28]

Essas mudanças comportamentais, a familiaridade com os gostos europeus, a posse de bens materiais que expressassem a posição social do indivíduo, o saber comportar-se, serviram de delimitadores entre os diferentes estratos sociais. Dar um jantar passou a ser considerado um dos mais importantes dos deveres sociais.[29]

A sala de jantar tornou-se o lugar ideal de ostentação e da manipulação dos quadros de ordenamento e reordenamento social das famílias. A mesa de jantar apresentou-se como o cenário perfeito para o exercício da sociabilidade. Para Henrique Soares Carneiro,

---

27 Lisboa, José Maria (org.). *Almanaque de Campinas para 1871.* Campinas: Typ. da Gazeta de Campinas, 1870, p. 42; Ferreira, Carlos; Silva, Hypolito. (orgs.). *Almanaque Popular de Campinas para o ano de 1879.* Campinas: Typ. Gazeta de Campinas.

28 Mello Pupo, Celso Maria de. *Campinas, seu berço e juventude.* Campinas: Academia Campinense de Letras, 1969, p. 165.

29 Lima, *op. cit.*, 1995. p.135-8.

a alimentação, como aspecto central da produção e reprodução da vida material e cultural das sociedades, possui aspectos vinculados à história econômica, no que tange à produção, distribuição, estocagem e consumo dos produtos, à história social, na abordagem da estratificação social nos acessos aos produtos e na constituição de hierarquias e identidades sociais e, também, à história cultural, tanto no que diz respeito aos aspectos especificamente culinários como nos significados mais abrangentes do uso dos alimentos (religiosos, simbólicos etc.).[30]

Salas de jantar: cenário da sociabilidade

A participação das mulheres foi fundamental nas transformações do espaço do lar durante o processo de transferência das famílias da sede de suas fazendas para a cidade, fazendo com que elas assumissem novas atividades domésticas e sociais.

As senhoras paulistas do século XIX poderiam ser imaginadas como reclusas, sem educação formal, só pensando em luxo e festas e tendo à sua volta escravos para todos os tipos de atividades rotineiras, como a manutenção da casa e de suas "frivolidades."[31] Mas o papel das mulheres da oligarquia paulista foi decisivo em alguns momentos, conforme apontou Maria Odila Dias, que, por força de fenômenos demográficos e da ausência dos maridos em viagens de negócios, tiveram que assumir papéis masculinos e também a liderança social: "fundadoras de capelas,

---

30 Carneiro, Henrique Soares. As fontes para os estudos históricos sobre a alimentação. In: *Equipamentos da Casa Brasileira*. Arquivo Ernani Silva Bruno. São Paulo: Museu da Casa Brasileira, set. 2005. CD-ROM.

31 Dias, Maria Odila Leite da Silva. *Quotidiano e poder em São Paulo no século XIX*. 2.ed. São Paulo: Brasiliense, 1995, p. 19-67.

curadoras, mulheres de negócio, administradoras de fazendas e líderes políticas locais", contribuindo para o desenvolvimento do território.[32]

As mulheres campineiras também desempenhavam atividades sociais externas à sua rotina diária. Em 17 de setembro de 1869 foi fundada a *Terpsichore Familiar*, que contava com sessenta sócias no ano de 1873, tendo como presidente D. Adelina Cerqueira, vice-presidente D. Marcolina de Queirós, secretária D. Maria Amália Vidal e tesoureira D. Ana Luiza Xavier de Araújo. A diretoria era eleita trimensalmente e apenas senhoras faziam parte dessa "sociedade" que se reunia todas as terceiras domingas do mês, para a dança, o canto e piano.[33]

Alfredo d'Escragnole Taunay visitou Campinas na década de 1860 e, segundo o memorialista Wanderley Pinho, ficou maravilhado com a cidade. Em carta dirigida à sua família no ano de 1865, Taunay descreveu quão acolhedora e simpática era a sociedade campineira, diferentemente do que observara para a capital da província. Ele relatou com riqueza de detalhes um jantar oferecido por umas das famílias aos membros da expedição. Nas suas palavras,

> Temos sido tratados pelos campineiros com a mais viva cordialidade. Alías se diz que são muito mais dados do que os demais paulistas, gente geralmente retraída e tristonha, como os seus vizinhos mineiros, como bem sabemos. Em Campinas reina uma comunicabilidade extraordinária, principalmente se lembrarmos que em São Paulo há uma tendência sobremodo forte ao retraimento. As moças daqui (Campinas) são muito amáveis, conversam animadamente; já tivemos convites para diversos bailes e saraus. A nossa permanência em Campinas tem sido a mais agradável, já não sei a

---

32 *Ibidem*, p. 104.
33 Lisboa, José Maria (org.). *Almanaque de Campinas para 1873*. Campinas: Typ. da Gazeta de Campinas, 1872, p. 47.

quantas festas, saraus, jantares e bailes temos assistido. Isto sem contar jogos de prendas de que todos, diariamente quase, participamos [...]. Há aqui muita moças agradáveis e dadas com quem constantemente nos encontramos nas festas e dançamos. [...] [Nas comemorações do Espírito Santo os festejos duraram todo o final de semana]. No domingo grande festa, um jantar monstro com doces sublimes e vinhos idem. A noite sarau depois da procissão que fomos acompanhar.[34]

Cultivar a sociabilidade era um capítulo que fazia parte do conjunto de saberes a serem transmitidos das mães às filhas. Principalmente receber visitas era um investimento que ao mesmo tempo em que reforçava antigos laços sociais, criariam novos.[35] Portanto, a reflexão sobre os fragmentos da cultura material, ligados às práticas alimentares das famílias – serviços de jantar, chá e café, pratos, salvas –, permitiu-nos apreender os possíveis significados desses objetos incorporados avidamente pela sociedade à sua vida cotidiana, indicando-nos os seus modos de vida e os seus aspectos culturais.

Nesse processo de modernização vivido por Campinas, intensificado com o advento da República, os vínculos mais personalistas, de submissão e valor, foram sendo considerados inadequados ao mundo moderno. Essas relações, pouco a pouco, assumiram características burguesas.

---

34 Nos relatos dos viajantes, Kidder e Taunay e dos escritor Álvares de Azevedo, a capital da província era sem graça, nada afeita a sociabilidade. Poucas eram as famílias que recebiam com elegância. A Marquesa de Santos, morando em sua chácara no Jaraguá, era a dama de maior prestígio na época. Segundo Pinho, os acadêmicos eram comensais da marquesa, que tinha entre eles grande prestígio. Pinho, Wanderley. *Salões e damas do segundo reinado*, 3ª ed. São Paulo: Livraria Martins Editora, s.di, p. 92.
35 Maluf, *op. cit.*, p. 185.

Em 1875, com a iluminação a gás, as rotinas e costumes diários dos moradores da cidade foram alterados. A população pôde prolongar seu horário de permanência nas ruas, nos passeios públicos, até mais tarde. Os jantares passaram a ser servidos mais à noite, por volta das 18 horas. Deixou-se de ir "dormir com as galinhas", expressão usada por Carlos Lemos. Os ambientes das casas, agora melhor iluminados, possibilitariam a realização de festas com maior frequência e o convívio era propiciado sempre a partir do elemento alimentação.[36]

Para Tania Andrade Lima, a sala de jantar era um espaço de exibição predominantemente masculino, onde eram expostas as alfaias da família, símbolos de prestígio e superioridade social. O senhor da casa comandava esse espetáculo (jantar), destinado sobretudo à consolidação de vínculos e alianças.[37] Mas os dados coletados dos inventários revelaram-nos que esse ambiente da casa era muito simples quando da ausência de uma esposa; era despojado de luxo e ostentação.[38] Portanto, se a sala de jantar era um espaço masculino, o serviço de louça, os ar-

---

36 Lapa, *op. cit.*, p. 28.

37 Lima, *op. cit.*, p. 136.

38 No Capítulo 2 abordamos esta questão, indicando que nos inventários dos solteiros a preocupação era com o acúmulo de bens imóveis e não com os objetos de decoração de suas residências. Por vezes havia grande quantidade de assentos nessas residências para as visitas, que ali deveriam estar por interesses profissionais e políticos, e não propriamente para amplas recepções sociais. O trabalho de Paulo César Garcez Marins, na leitura dos inventários de comerciantes ou funcionários públicos, talvez aponte para a mesma situação encontrada por mim para Campinas. Esse estrato da sociedade preocupava-se em acumular bens e não canalizava seus recursos para os luxos domésticos. Marins, Paulo César Garcez. *Através da rótula*: sociedade e arquitetura urbana no Brasil. Sécs. XVII-XX. Tese (Doutorado em História Social). Faculdade de Filosofia, Letras e Ciências Humanas, Universidade de São Paulo, São Paulo, 1999.

ranjos de mesa, as toalhas e guardanapos de linho engomados, por sua delicadeza e fragilidade, ligava-se ao universo feminino.[39]

Eram as esposas, tias, irmãs, filhas (e serviçais) que zelavam pela imagem do homem público, homem autônomo, envolto em questões de política e economia, que na verdade estava rodeado por um conjunto de mulheres que o ajudava a manter sua posição social.[40]

As salas de jantar refletiam a personalidade de sua proprietária. A elegância na escolha da mobília, dos objetos de decoração, a cor das paredes e cortinas, na arrumação da mesa de jantar e o esmero na escolha do cardápio a ser oferecido aos comensais, evidenciavam o preparo e percepção das senhoras da importância de receber bem os seus convidados, neste ambiente de exposição social da família. Para Vera A. Cleser a sala de jantar revelava

> o bom gosto de uma senhora distinta e delicada se mostra nas menores circunstâncias. Nada revela tanto o caráter de uma dona de casa como o arranjo de sua mobília, a escolha dos quadros e a sua disposição nas paredes. Um observador prático, minhas senhoras, conhece vosso gênio e o grau de vossa educação pela simples inspeção de um dos cômodos de vossa casa.[41]

---

39 Carvalho, op. cit., 2001, p. 195-7.

40 D'Incao, Maria Ângela. Mulher e família. In: Del Priore, Mary (org.). *História das mulheres no Brasil*. São Paulo: Contexto, 1997, p. 223-40.

41 Vera A. Cleser, em seu livro, procurava orientar as moças de como elas deveriam dirigir e cuidar dos inúmeros detalhes de suas casas. Seus "ensinamentos" iam desde a mobília adequada para cada um dos cômodos da casa, até como servir um banquete e detalhes do tipo como lavar as panelas e as roupas. Cleser, Vera A. *O lar doméstico: conselhos para a boa direção de uma casa*, 3ª ed. Rio de Janeiro, São Paulo: Laemmert & C., 1906, p. 128.

À mesa, onde nada se afigurava supérfluo, tinha-se tendência a exagerar, para assim obter o reconhecimento dos seus pares. Nos chás, saraus e jantares oferecidos pelas famílias da aristocracia cafeeira, eram utilizados o que havia de melhor em termos de decoração, objetos e utensílios para receber seus convidados e, assim, servir suas iguarias com requinte, impressionando-os de tal forma que depois os convivas retribuiriam com novas festas.

Os livros de etiqueta e de receitas eram importantes aliados das senhoras da elite campineira. Neles, elas encontravam informações de como escolher o cardápio de acordo com a quantidade de convidados; ensinavam como decorar a mesa de jantar; qual toalha de mesa deveria ser usada; como fazer dobraduras nos guardanapos. Enfim, vários detalhes e regras de como servir um banquete ou um jantar, do mais sofisticado ao mais simples.

Na fazenda Soledade, de D. Cândida Maria Vasconcelos Barros, sogra de Hercules Florence, dentre os títulos de sua biblioteca particular, verificamos a existência dos livros *Cozinheiro parisiense* e o *Manual do padeiro*. E, pela quantidade de utensílios relacionados em seu espólio, presumimos que eram frequentes as visitas para o chá e para os jantares, provavelmente com pratos elaborados a partir das receitas sugeridas em seus livros de culinária. Legou aos seus netos

> um aparelho de prata para café composto de: uma cafeteira, um bule, um açucareiro, uma manteigueira, um açucareiro mais [sic] pequeno, uma leiteira, uma tigela, tudo em bom uso, pesando 1.235 oitavas por 395$200; um galheteiro de prata para servir de fruteira, pesando 83 oitavas por 23$560; um paliteiro de prata, pesando 33 oitavas por 10$460; doze colheres, doze garfos de prata marca F, pesando 377 oitavas por 120$640; seis colheres e seis garfos de prata marca,

pesando 167 oitavas. 53$600; uma concha de sopa prata bom uso, com marca F, pesando 67 oitavas 21$440; uma colher grande de prata para arroz em bom uso, marca F, pesando 39 oitavas 12$480; doze facas de mesa com cabo de prata, marca F, por 42$000; seis facas de mesa com cabo de prata, por 21$000; uma colher de casquinha para peixes, por 4$000; seis colheres e garfos de prata para sobremesa, pesando 180 oitavas por 38$720; doze colherinhas de e concha para açúcar, pesando 65 oitavas por 20$800; uma campainha de prata, pesando 31 oitavas por 10$080.[42]

O livro *Cozinheiro nacional*, editado no Brasil por volta de 1870, trouxe uma série de orientações sobre quais os utensílios de cozinha mínimos necessários para o preparo dos pratos. Quanto ao serviço de mesa, seria de bom tom que, além das travessas, terrinas, copos, talheres as anfitriãs possuíssem: o servidor de ovos de prata; o galheteiro de madeira ou metal com cinco vidros, para servir o vinagre, o azeite, a mostarda, a pimenta da Índia e o último para o sal; o licoreiro, com duas ou três garrafas acompanhados de dez ou doze copinhos; os talheres de prata para trinchar; colheres de diferentes tamanhos e feitios; e, ganchos para salada.[43]

---

[42] Inventário TJC, 3.Ofício, 1851, Cx. 364, Proc. 796, fls. 12v-15.
[43] O licoreiro, também chamado de galheteiro, era usado pela anfitriã para servir o licor aos convidados após o jantar. *Cozinheiro Nacional ou coleção das melhores receitas das cozinhas brasileira e europeia*. Rio de Janeiro: B.-L. Garnier, s. d. p. 13-15.

Galheteiro.

Figura 54 – Os serviços de mesa contavam com vários objetos. Dentre eles, temos o galheteiro usado para colocar os temperos que seriam usados para temperar as saladas ou algum outro prato. (Cozinheiro Nacional, c. 1870).

D. Miquelina Dulce do Amaral, atenta aos detalhes necessários para a ornamentação da mesa de jantar, contava em sua casa com os utensílios sugeridos pelos manuais de etiqueta para servir de maneira elegante e adequada seus convidados. A equivalência dos valores de seus móveis e seus utensílios, 1:535$360 e 1:554$650, respectivamente, revelou-nos que se tratava de uma família apta às recepções formais e jantares, haja vista os objetos destinados à alimentação. Encontramos:

> um faqueiro de prata com caixa faltando uma colher, por 400$000, uma salva de prata maior pesando, pesando 392 oitavas, por 141$120; outra salva menor de prata, pesando 248 oitavas, por 89$280; um par de farinheiras de prata, pesando 151 oitavas, por 54$360; uma tesoura de espraictar [sic] com salva de prata

pesando 73 oitavas, por 29$760; um paliteiro de prata pesando 78 oitavas, por 28$080 [...].[44]

Figura 55 – Colheres e garfos eram objetos raros nas mesas brasileiras até meados de 1820 e eram usados em grandes ocasiões. Garfo trinchante, faca, colher para arroz e concha de sopa, talheres de prata utilizados para servir os alimentos. Séc. XIX. (Coleção Comendador Teodoro de Souza Campos, Biblioteca do CMU–Unicamp)

Na fazenda Cachoeira o Comendador Antônio Manoel Teixeira possuía um galheteiro para licores, no valor de 6$000. Mas sua residência à rua Travessa do Imperador era melhor equipada, contando com:

> treze colheres de prata, de sopa, pesando 192 oitavas, por 53$760; duas colheres de açúcar, pesando 16 oitavas, por 4$480; uma colher de arroz, pesando 36 oitavas, por 10$080; uma colher de terrina, pesando 60 oitavas, por 16$800; um copo com corrente de prata, pesando 140 oitavas, por 39$200; um paliteiro de prata, pesando 51 oitavas, por 14$280; oito colheres de sopa de prata, por 26$400; dez colheres de chá e uma concha, por 18$120; uma salva grande de prata em bom uso,

[44] Inventário TJC, 3.Ofício, 1863, Cx. 394, Proc. 6980, fls. 21 e 21v.

por 140$000; uma salva de prata pequena, por 50$680; um par de castiçais de prata mais[sic] pequenos, por 87$640; um paliteiro de prata em bom uso, por 51$240; um par de jarras de louça, 1$000; uma terrina de louça azul, por 1$500; uma [geladeira] de louça azul, por 1$200; sessenta pratos azuis, por 6$000; cinco pratos travessas grandes, por 2$500; uma terrina pequena para molho, por $500; sete pratos travessas azuis compridos, por 4$300; um bule, um açucareiro, um tigela e vinte pares de xícaras azuis, tudo por 6$000.[45]

O Comendador Francisco Teixeira Vilela, nos jantares oferecidos à sociedade campineira em seu solar na fazenda Santa Maria, além de toda a mobília, os objetos de decoração, louças, prata e cristais para a composição de uma bela mesa de jantar, proporcionava aos seus convidados a audição de boa música. O Comendador organizou uma banda de música toda ela composta de escravos e o mestre era o professor Sabino Antônio da Silva. Foi possível identificar em seu inventário o instrumental de música completo, deixado de espólio à família.[46]

Para o jantar no Brasil, elegeu-se o sistema *a la française* de servir, que perdurou durante a primeira metade do século XIX, que consistia em pelo menos a adoção de duas a três cobertas (serviços de mesa), além da sobremesa, no qual os pratos prontos eram colocados todos à mesa de uma só vez. A mesa era orquestrada de maneira a transmitir a impressão de opulência e abundância para os convivas. Os alimentos deveriam estar expostos nas travessas de prata ou de porcelana, a fim de fornecer uma fruição estética do arranjo.[47]

---

45 Inventário TJC, 1.Ofício, 1852, Cx. 162, Proc. 2899, fls. 31v e 42.
46 Almanaque, 1873, p. 46; Inventário TJC, 1.Ofício, 1873, Cx. 257, Proc. 4359, fls. 21;.
47 Carvalho, *op. cit.*, 2001, p. 143.

Em meados do século, foi introduzido o chamado serviço *a la russe*,[48] "que revolucionou o comportamento à mesa, a estrutura da refeição, seu protocolo e as práticas culinárias."[49] Nesse serviço de mesa, os pratos eram servidos sucessivamente; as travessas de alimentos eram retiradas da mesa e colocadas em aparadores, para serem oferecidos pelos criados, aos convivas. Esse modelo acarretou a necessidade de mais criados, e os serviçais tinham que ser bem treinados, impecavelmente limpos e arrumados, causando boa impressão aos convidados. Era necessária uma grande quantidade de utensílios para valer-se desse sistema, porque a cada coberta os pratos eram removidos e substituídos.[50] Os aparatos da mesa, pratos, talheres e taças ganharam nova dimensão e destaque.

Em Campinas, pelos dados dos inventários, apenas nas residências das famílias do Capitão Camilo Xavier Bueno da Silveira, do Barão de Itatiba, Barão de Atibaia e de Pedro Américo de Camargo Andrade pudemos supor a adoção do sistema *à la russe*. Nos demais inventários o número de pratos e talheres adequava-se perfeitamente bem ao modelo *à la française*.

Charles Expilly, impressionado com o esmero de sua anfitriã com a decoração e o arranjo da mesa para o jantar, descreveu:

> a mesa estava posta, e na verdade com bom aspecto. [...]. O aparelho de jantar era de faiança azul, de fabricação inglesa, [...]. Pequenos guardanapos

---

[48] Ariovaldo Franco e Margaret Visser abordam estas questões sobre as maneiras à mesa e as diferentes formas de jantares, os serviços *à la française* e *à la russe*. O serviço *à la russe* foi introduzido em Paris em 1810. Franco, Ariovaldo. *De caçador a Gourmet*: uma história da gastronomia. São Paulo: Ed. Senac, 2001. Visser, Margaret. *O ritual do jantar*: as origens, evolução, excentricidades e significado das boas maneiras à mesa. Rio de Janeiro: Campus, 1998.

[49] Lima, *op. cit.*, p. 144.

[50] *Ibidem*, p.145-8.

franjados estavam colocados sobre os pratos, formando o conjunto uma mesa bem posta. Decididamente o fazendeiro estava na altura do século, visto como em sua casa não faltavam copos, nem talheres. Dois belos jarros com flores rematavam a garridice da mesa. O copeiro, de boa aparência, ocupava o seu posto à direita do senhor.[51]

Nos jantares ou banquetes, o cuidado com a belíssima apresentação dos pratos era ainda maior. Os castiçais de prata, colocados nas extremidades da mesa, as fruteiras e floreiras no centro, davam um charme ao conjunto com os pratos, talheres de prata e cálices de cristal. Servia-se pato ou leitoa, por exemplo, acompanhados de legumes cozidos a decorar as travessas de prata; os doces eram colocados em compoteiras de cristal decorado; a porcelana, os talheres e os cálices para a água e para os vinhos, devidamente limpos e arrumados, compunham um quadro colorido, realçando o brilho dos molhos, a vivacidade dos alimentos e a limpidez dos vinhos. O requinte e o refinamento não só do mobiliário podia também ser notado nos serviçais, que eram devidamente treinados para atender aos convivas. Enfim, a *mise-en-scène*, o aparato e o luxo constituíam, ao mesmo tempo, a aparência e a essência.

Na casa da família do Barão de Itatiba, do senhor Joaquim Ferreira Penteado, devido à sua própria posição social, era evidente a quantidade de utensílios e objetos de decoração necessários a uma boa apresentação durante um jantar. Em seu inventário encontramos:

> dezessete castiçais de diversos tamanhos e feitios, pesando 6920g; sete espiritadeiras com as bandejas de diversos feitios, pesando 2225g; um aparelho chá e café com um bule para chá, um para café, um açucareiro, uma

---

51 Expilly, Charles. *Mulheres e costumes no Brasil*, 2ª ed. São Paulo: Companhia Editora Nacional, 1977, p. 268-9. (Brasiliana, v. 56)

leiteira, uma mantegueira sem vidro, uma tigela; três salvas de diversos tamanhos; quatro bandejas de diversos tamanhos; três paliteiros de diversos feitios, um jarro e uma bacia, tudo por 4:574$310; oitenta e três garfos, oitenta e três colheres de sopa, setenta e três facas de diversos feitios, cinco pares de trinchantes de diversos feitios, quatro conchas de sopa, cinco conchas para açúcar, setenta e duas colheres para chá de diversos feitios, seis colheres para arroz, tudo por 1:507$000.[52]

Figura 56 – Fazia parte da decoração os utensílios de prata e cristal. Salvas eram utilizadas para servir os alimentos durante o jantar e as fruteiras, com frutas da época, colhidas nos pomares das casas, decoravam a mesa dos doces. À esquerda: Salva de prata. Séc. XIX. À direita: Fruteira. Início séc. XX. (Acervo Maria de Lourdes Badaró).

Na sociedade da época, era de bom tom que as anfitriãs cuidassem pessoalmente da elaboração do cardápio a ser oferecido nos jantares e banquetes, além da sua supervisão direta na feitura dos pratos e doces que seriam servidos aos convivas. Na cidade já existiam doceiras, confeitarias e padarias prontas a atender a demanda de festas da sociedade campineira. No *Almanaque de 1873*, encontramos quatro doceiras à disposição das senhoras para a confecção das fitas de coco

---

52 Inventário TJC, 1.Ofício, 1884, Cx. 323, Proc. 5224, fls. 86v. e 87.

e dos alfenins, doces normalmente servidos nas festas de casamento. As confeitarias eram em número de duas e as padarias eram oito.[53]

Nos enlaces matrimoniais das famílias ricas, era comum o oferecimento de jantar e baile aos convidados. Camila Barbosa de Oliveira, neta do Conselheiro Albino José Barbosa de Oliveira, relembrou o casamento dos Barões de Ataliba Nogueira: "O casamento, como era de costume, foi à noite, com grande baile que durou dois dias."[54] Durante as valsas, polcas e marchinhas as pajens serviam chá em xícaras de porcelana e, como acompanhamento, em grandes bandejas de prata, estavam os biscoitos e finos sequilhos de várias qualidades. Essas bandejas eram guarnecidas de ramos de flores feitas de finas fitas de coco, coloridas – camélias brancas e rosas –, trabalho executado pelas exímias doceiras da cidade.[55]

Figura 57 – D. Maria Luiza Muller Bernhardt comprava os pães para o consumo de sua família neste estabelecimento. A Padaria Hespanhola disponibilizava aos seus clientes várias qualidades de doces nacionais ou importados. (Inventário TJC, 4.Ofício, 1896, Cx.303, Proc. 5517 - Arquivos Históricos CMU–Unicamp).

---

53 Lisboa, op. cit., p. 63 e 67.
54 Oliveira, Camila Barbosa de Apud Pupo, op. cit., p. 70.
55 Em suas memórias, Maria Paes de Barros relata as festas que aconteciam em sua residência e de outras famílias residentes na capital da província. Barros, Maria Paes de. No tempo de dantes. 2.ed. São Paulo: ed. Paz e Terra, 1998, p. 124.

Figura 58 – Os convites para os jantares eram enviados com a descrição dos pratos, doces e bebidas que seriam oferecidos aos convidados. Convite ao Barão de Campinas para um jantar, em 28 de novembro de 1891. (Arquivos Históricos CMU-Unicamp).

A preparação cuidadosa dos cardápios pelas senhoras deveria considerar o tipo de reunião a ser oferecida. Isso porque elas poderiam prever as escolhas alimentares, as combinações dos pratos, com o intuito de agradar ao maior número de convivas. Esses cardápios eram enviados aos convidados em forma de convites e discriminavam todos os serviços em suas respectivas ordens, da entrada à sobremesa, as bebidas e, em alguns casos, constavam os cigarros e charutos.[56]

---

[56] Para Margaret Visser, a necessidade de *menus* escritos nos banquetes modernos resultou das mudanças que se difundiram na Europa e na América, a partir de meados do século XIX, na forma como eram projetados os jantares formais. Os *menus* eram importantes nessa substituição do sistema *à la française* para o *à la russe*, porque através deles os comensais saberiam a sucessão de pratos e bebidas que seriam servidos. Visser, *op. cit.*, p. 198-208.

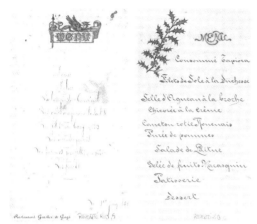

Figura 59 – À esquerda: Convite com o menu do Restaurant Garnier e Gagé. 01 de juin de 1902. À direita outro Menu, sem data. (Coleção Dr. Tomaz Alves, Arquivos Históricos CMU–Unicamp).

Esse esmero na preparação dos menus e de todo o arsenal material para o oferecimento do jantar ficou explícito na carta enviada pela Baronesa Geraldo de Rezende ao seu marido, orientando-o de como proceder aos preparativos do jantar que seria oferecido à Princesa Isabel e ao Conde D'Eu na sede da Fazenda Santa Genebra. Nas suas palavras:

> mando-te a lista dos pratos que devem ficar na mesa se não houver lugar para todas as carnes, melhor que venha cada coisa por sua vez, segundo a ordem em que vão e que espero aches bem. Poderás mandar fazer mais ensopados e assados para cocheiros etc., mas para a mesa me parece que é bastante assim.[57]

---

[57] A lista com os pratos e doces ser servidos nesse banquete foi descrita no livro de memórias da filha da Baronesa. Martins, Amelia de Rezende. *Um idealista realizador*: Barão Geraldo de Rezende. Rio de Janeiro: Oficinas gráficas do Almanaque Laemmert, 1939, p. 306.

Ela continua:
> As toalhas novas e guardanapos estão numa das malas grandes do armazém; Antônia [sua escrava] sabe; é bom tirar quanto antes por causa do cheiro de cânfora. [...]. Se tiveres medo que faltem talheres, leva os que estão em Campinas.[58]

Findo o jantar, os anfitriões encaminhavam seus convidados para outras salas próximas à sala de jantar, locais estes onde eram servidos o café e os licores. Em mesas com tampos de mármore, ricamente decoradas, eram colocadas as fruteiras de cristal com as frutas de época, colhidas dos próprios pomares, localizados na parte de trás das casas. Ao redor dessas fruteiras, era disposta uma variedade de doces secos envoltos em papel de cores variadas, bolos, cocadas, pudins, compotas e queijos.

Wanderley Pinho relatou a realização de luxuosas festas na Campinas da segunda metade do século XIX. Em seu livro, ele descreveu o banquete oferecido pelo Barão e a Baronesa Geraldo de Rezende à sociedade e aos membros da Família Imperial, comemorativo à aquisição de novas máquinas de beneficiamento de café para a fazenda Santa Genebra, em novembro de 1884. Segundo o autor, foram preparadas "na casa nova da administração duas salas, uma para a dança e outra com grande mesa de doces, vinho e cerveja."[59] A doçaria foi composta por biscoitos, bonsbocados, cocadas, queijadinhas de coco, pastéis de nata, bolo inglês, doces de calda e secos e frutas secas.[60]

---

58 *Ibidem*, p. 306.
59 Pinho, *op. cit.*, p. 74.
60 Martins, *op. cit.*, p. 306-7.

Figura 60 – Passatempo das mulheres a pintura e o bordado e das crianças, o bambolê. Família do Barão Geraldo de Rezende no jardim em frente ao solar da fazenda Santa Genebra. (c. 1890. Coleção Mis–Campinas).

O enxoval preparado pelas futuras senhoras contavam, com toalhas de mesa de algodão ou de linho, as quais eram delicadamente bordadas pelas jovens, guardanapos bordados com as iniciais da futura família e lençóis e fronhas. Assim como os utensílios de barro, as alfaias eram pouco observadas pelos avaliadores, devido a seu pouco valor. Na residência de D. Miquelina Dulce do Amaral, encontramos:

> uma toalha grande de algodão, por 12$000; uma colcha branca de fustão, por 8$000; uma colcha de crepe branca, por 5$000; uma toalha de linho bordada, por 4$000; uma outra de linho crivada, por 6$000; uma toalha de [massim] bordada velha, por 2$000; uma toalha de [massim] de crivo, por 2$000; uma toalha de cambraia de algodão bordada velha, por 1$000; duas fronhas de crepe, por 3$000; três fronhas [caça], por 2$000; seis lençóis[rossim acambatados] de [caça], por 6$000; duas fronhas grandes[caça] furadas, por $640; quatro fronhas de [marim] muito estragada, sem valor;

> uma toalha nova de linho para mesa, por 6$000; uma toalha de algodão trançado para mesa, por 3$000.[61]

Já na fazenda Soledade de D. Candida Maria de Vasconcellos Barros havia:

> uma toalha grande de linho adamascada, por 6$000; uma toalha grande de algodão, por 6$000; uma toalha grande de algodão lisa, por 3$200; uma rede Cuiabana pintada de casas com varandas em bom uso, por 20$000; uma outra rede de varanda de xadrez azul nova, por 16$000.[62]

A tradição da doçaria e cuidados com a alimentação era passada de geração em geração e D. Custódia Leopoldina de Oliveira não ficou a parte desse processo de esmero e atenção aos detalhes da finalização de um jantar ou banquete. Ela pertencia a uma conhecida família da sociedade campineira. Era filha do Major Joaquim Quirino dos Santos e de D. Manuela Joaquina de Oliveira. Casou-se com José Libânio de Abreu Soares, fazendeiro em Amparo. D. Custódia Oliveira Soares, nome que adotou após o matrimônio, possuía, dentre outros imóveis, uma residência de morada à rua Barreto Leme, 20. Como parte integrante de seu enxoval, preparou os seus cadernos de receitas com grande variedade de bolos, doces, licores e pães. Essas iguarias seriam preparadas e servidas nos chás e jantares que esta senhora e seu marido ofereceriam aos seus convidados.[63]

---

61 Inventário TJC, 3.Ofício, 1863, Cx. 394, Proc. 6980, fls. 23v, 35v e 36.
62 Inventário TJC, 3.Ofício, 1851, Cx.364, Proc.6796. fl.19.
63 A genealogia desta senhora foi elaborada por Maria Luisa Pinto de Moura, bibliotecária já falecida do Centro de Ciências Letras e Artes de Campinas. Dentre os doze irmãos e irmãs que D. Custódia teve, o mais conhecido pela sociedade campineira, por sua política e suas atividades culturais, educacionais e beneméritas, foi o Coronel Bento Quirino dos Santos.

Esse espólio valioso foi passado de geração em geração na família Quirino dos Santos, mas, infelizmente, as descrições do avaliador em seu inventário foram reduzidas, não nos permitindo saber o que mais havia em sua residência quando de seu falecimento. Constaram apenas: "Móveis no valor de 3:930$000; joia e prata no valor de 1:056$000."[64]

Figura 61 – Cadernos de receitas de D.Custódia Leopoldina de Oliveira, de 1863-1873. (Acervo Arquivos Históricos CMU–Unicamp)

Na descrição detalhada feita pelo avaliador no inventário de D. Ana Maria Amélia Andrade Pontes em sua casa à rua Barão de Jaguara, número 60, encontramos todos os acessórios necessários para o oferecimento de jantares e banquetes, desde mobília até os utensílios. Em sua sala de jantar havia:

> mobília composta por uma mesa elástica para jantar, um guarda louça, dois quadros de madeira, um barômetro, um sofá, duas cadeiras com braços, vinte e quatro cadeiras simples, tudo por 1:000$000; um espelho de vidro com moldura preta, por 30$000; um guarda louça de vidro, por 25$000; um par de jarros azuis, por 60$000; um relógio de parede, por 30$000; um aparelho de porcelana com friso vermelho e monograma L.P., no

---

64 Inventário TJC, 3.Ofício, 1896, Cx. 516, Proc. 7703, fl. 75.

valor de 200$000; uma cesta de louça vidrada, no valor de 8$000; um licoreiro cristal, no valor de 50$000.[65]

Na sala de jantar de sua casa de morada na chácara, no chamado bairro Árvore Grande, compunha o ambiente:

um par de fruteiras cristal, no valor de 50$000; pela louça de cristal, no valor de 100$000; quatorze talheres *christofle*, dez passadores guardanapo e dez descansos de talheres, tudo no valor de 30$000; dezoito quadros com motivo de cavalos de raças, por 36$000; um espelho oval de cristal, por 30$000; um guarda chapéu com espelho, por 60$000; quatro cadeiras com braços lisas envernizadas e dois aparadores, no valor de 70$000; quatro cadeiras de balanço amarelas, por 25$000; três pares de vasos de louça, por 30$000.[66]

Figura 62 – Mesa dos doces, com tampo de mármore e uma canaleta na borda, para a colocação de água, evitando assim que as formigas chegassem às guloseimas. Talvez tenha sido em uma mesa como essa que a Baronesa Geraldo de Rezende arrumou os doces que foram servido na festa de inauguração de novas máquinas de beneficiamento de café na sede de sua fazenda. Séc. XIX. (Acervo Museu Republicano "Convenção de Itu").

---

65 Inventário TJC, 4.Ofício, 1890, Cx.272, Proc.5162, fls.22v, 27 e 27v.
66 Inventário TJC, 4.Ofício, 1890, Cx. 272, Proc. 5162, fls. 27v e 28.

Diferentemente dos jantares, os almoços não contavam com nenhuma cerimônia. Nessas refeições as comidas eram colocadas sobre a mesa, juntamente com as sobremesas. Era uma ocasião em que os homens poderiam fazer suas refeições sozinhos e, em alguns casos, tratavam dos assuntos ligados aos negócios da fazenda com seu administrador, ou de política, com os seus amigos.

A sociedade campineira recebeu influências não só dos migrantes como dos imigrantes que aqui chegaram para trabalhar no comércio, nas indústrias ainda incipientes e na lavoura. Muitos grupos étnicos, sobretudo europeus, vieram como colonos para trabalhar nas fazendas de café e, como dissemos no primeiro capítulo, o maior contingente foi de italianos, segundo os dados da Hospedaria de Imigrantes. O destaque no que tange a Campinas é a grande influência dos hábitos dos imigrantes alemães, suíços e dinamarqueses que aqui fizeram carreira e destacaram-se perante a sociedade local.

Os colonos que foram para as lavouras de café passaram por diversas dificuldades nos primeiros anos de trabalho. Geralmente precisavam construir suas próprias casas, no interior das propriedades rurais, que originariam as colônias. Para o seu sustento adotaram o sistema de roças de subsistência e a criação de animais. O excedente de sua produção era vendido, trocado ou transformado. Foi o caso do milho transformado em fubá, costume que acabou se estendendo a todo o interior paulista.[67]

Os novos hábitos – alemães, dinamarqueses, italianos – difundiram-se e foram incorporados ao cotidiano e à cultura dos paulistas. Os imigrantes atraídos pela promessa de um mundo repleto de oportunidades trouxeram de suas terras de origem uma gama de conhecimentos, influenciando, assim, toda a vida econômica, social e cultural brasileira. A criação e reinvenção de pratos culinários, as mudanças no vocabulário, a presença de bandas de música "rechearam" nossos

---

67 Setubal, *op. cit.*, p. 72-4.

costumes e fazem-se presentes até os dias atuais. Além disso, houve uma diversificação na economia das cidades, com o estabelecimento de comércios e a prestações de serviços.[68]

Os inventários dos imigrantes italianos registraram que eles traziam consigo porcelanas, roupas e objetos utilizados para o desenvolvimento de suas atividades laboriosas. Por exemplo, a família de Rocco Gesulli e Consiglia Rubini, oriundos do sul da Itália, chegaram ao Brasil em 1896, desembarcando na Hospedaria dos Imigrantes. Além de seus quatro filhos, todos pequenos, trouxeram na bagagem seu baú, um aparelho para café de porcelana, roupas de uso pessoal algumas imagens de santos, dentre outras coisas.

Figura 63 – A religiosidade dos imigrantes italianos os acompanhava em seus objetos. Detalhes da parte interna do baú de uma família italiana com as imagens de seus santos de devoção, coladas na tampa. Baú em madeira, forrado com tecido. Séc.XIX. (Acervo Concília de Petta).

Com os surtos consecutivos de febre amarela, muitas famílias deixaram Campinas. Esse êxodo para outras cidades próximas, como por exemplo, Piracicaba, Limeira, Jundiaí e São Paulo, fez com que a cidade passasse por uma momentânea paralisação. Mesmo que São Paulo, do

---

68 Camargo, Maria Daniela B. de. São Paulo moderno: açúcar e café, escravos e imigrantes. In: *Terra Paulista*: histórias, arte, costumes. São Paulo: Cenpec, Imprensa Oficial, 2004, p. 103-56. (v. 1: A formação do Estado de São Paulo, seus habitantes e os usos da terra).

final do século XIX, tenha assumido uma posição de destaque, os campineiros mantiveram e cultivaram seus costumes e tradição.

Nos depoimentos coletados com descendentes de famílias residentes na cidade durante o período estudado, notamos que, do final do século XIX até meados de 1920, período em que o café ainda era o principal produto agrícola, as famílias começaram a dividir seus bens com os filhos. Muitos desses descendentes passaram a viver dessa herança custeando seus estudos, auxiliando no estabelecimento de seus próprios negócios e os ajudando, em muitos casos até hoje, a manter sua imagem de destaque na sociedade campineira.

Nessas residências ainda cultivava-se o hábito de falar em francês, e os serviçais que ajudavam nos serviços da casa eram em grande número. Os jantares e banquetes continuaram sendo oferecidos à sociedade, mas paralelamente a esse cotidiano familiar os clubes proliferavam pela cidade, resultando em uma nova maneira de destaque e posicionamento social. Ana Maria Nogueira e Maria de Lourdes Badaró nos relataram que nas tardes de domingo iam ao Tênis Clube nas matinês. Tratava-se do melhor clube da cidade no início do século XX. Assim como as confeitarias, sorveterias e cafés localizavam-se à rua Barão de Jaguara, rua considerada do melhor comércio, a vitrine da cidade. Era o lugar do *footing*, e onde as famílias das elites residiam.

A sociabilidade praticada pela elite campineira por certo não chegou aos lares dos demais estratos da sociedade. As festas, mesmo que significassem um repositório de costumes e tradições que permitiam uma circularidade de novos símbolos e produtos culturais, para as camadas mais pobres da sociedade, resumiam-se às festividades religiosas, aos eventos políticos – por exemplo, a chegada do Imperador à Campinas –, aos enterros de personalidades e às suas próprias reuniões familiares.[69]

---

69 Del Priore, Mary. *Festas e utopias no Brasil Colonial*. São Paulo: Brasiliense, 1994, p. 127.

Figura 64 – As festas religiosas e eventos políticos eram grandes momentos de interação social. O cortejo fúnebre do compositor Carlos Gomes foi acompanhado pelos moradores da cidade pela rua Direita (atual Barão de Jaguara), no ano de 1896. (Coleção BMC, Mis–Campinas).

Conclusão

Observar os espaços domésticos, analisando e recuperando as atividades cotidianas e anônimas, é penetrar em um dos domínios mais elucidativos da cultura, pois nos permite conhecer aspectos muito reveladores da estrutura de uma sociedade.

Estudar a cidade de Campinas e seus habitantes a partir da cultura material mostrou-nos uma modernização não apenas econômica, mas nos hábitos e costumes das famílias em seus diferentes níveis. Certamente o poder econômico favoreceu a aristocracia e outros segmentos da sociedade, mas os modelos de comportamento funcionam como signos, valores simbólicos que permearam todos os estratos sociais.

Essa modernização foi notada principalmente nos ambientes da casa destinados ao receber, os quais serviam como uma "vitrine" da opulência e do bom gosto de seus moradores. Muitos móveis e objetos que remontam ao período colonial coexistiram com as novidades oferecidas à população da época. Um exemplo de simultaneidade entre o antigo e o moderno seriam as catres, camas de madeira com treliças de couro sobre as quais eram colocados os colchões de palha, que conviveram durante algum tempo com as camas francesas com cúpula e cortinas cobre leito ou enxergão, com colchões de pena ou de crina de animal.

A vida urbana do início do século XIX, praticamente inexistente, vai sendo alterada nas Campinas da década de 1840, com novas construções originárias de uma economia açucareira que já propiciava à cidade rivalizar com a capital da província, por exemplo, nos eventos públicos na recepção ao Imperador e seus familiares, ou com a abertura de seus salões e capelas particulares às festas de casamento, bailes e saraus.

Campinas vinha de um processo de transformações urbanas que foi acelerado com o incremento das estradas de ferro durante o ciclo cafeeiro. A cidade buscava modernizar-se cada vez mais e a nova compartimentação da unidade doméstica, a casa, aliada às mudanças na cultura material, somaram-se à maior individualização e especialização, ocorrida ao longo do século XIX. Essas características atingiram a alimentação e o ritual do jantar, bem como a adoção de um protocolo paulatinamente mais rígido e a codificação dos gestos e dos movimentos do corpo. As salas de visitas e de jantar tornaram-se palcos de sociabilidades que perpetuavam e criavam novos modelos comportamentais, relações sociais e culturais que serviram de delimitadores entre os diferentes estratos sociais.

A aristocracia cafeeira possuía uma posição na sociedade bastante natural devido à sua trajetória de pertencimento às famílias com tradição agro-exportadora. Mas almejava ser reconhecida pelos pares europeus e para isso adotaram os mesmos modelos de comportamento em voga na Europa. As mudanças fizeram-se visíveis no cotidiano da sociedade com a incorporação de novos modelos de comportamento, como portar-se, vestir-se, alimentar-se e, ainda, no fato de os papéis sociais do homem e da mulher se transfomarem.

Campinas vivenciara períodos de intensas atividades culturais, quer nas festividades familiares – casamentos, bailes, banquetes –, nas reuniões políticas, nas visitas do Imperador e em seu teatro, palco da apresentação de grandes companhias internacionais na época. A cidade espelhava-se nos modos de vida da corte e, de forma mais distante, nas informações sobre os costumes parisienses.

A aristocracia utilizou-se de instrumentos de diferenciação social suficientemente eficazes para manter-se à distância dos estratos da sociedade que queriam ascender à elite. Por outro lado, os estratos intermediários copiavam os padrões aristocráticos nas formas de morar, de receber os convidados e se alimentar, como uma forma de visibilidade perante a aristocracia, uma vez que desejavam fazer parte dessa elite.

Um caminho adotado por essa "burguesia" ascendente foi o acúmulo de capital. Comerciantes, médicos, pequenos empresários acumularam uma riqueza que lhes permitia adquirir produtos de luxo para seus lares, e assim tentarem ser reconhecidos pela aristocracia, no caso de Campinas, dos senhores de engenho e, posteriormente, pelos "Barões do Café".

A partir da cultura material vimos que a riqueza gerada com o café propiciou o aumento na oferta e no consumo de mobiliário e de objetos de decoração de estilo europeu e de utensílios domésticos mais sofisticados. Esse aprimoramento na aparência das residências e de seus moradores relacionava-se com a modernização cultural, social e econômica que a sociedade campineira experimentava.

No que tange ao papel desempenhado pelas mulheres, elas foram fundamentais nas transformações do espaço do lar, proporcionando maior destaque aos ambientes de convívio social, à representação social, no momento em que as famílias transferiam-se da sede de suas fazendas para a cidade, fazendo com que elas assumissem novas atividades domésticas e sociais. As casas mais amplas e luxuosas refletiam as preferências de seus proprietários e o seu bom gosto expressava seu êxito econômico, transformando-se em um cartão de visitas. A delicadeza e esmero das senhoras da elite campineira na decoração de seus lares eram notadas, também, na sua participação cotidiana em sociedades de caridade ou de atividades culturais que refletiriam na manutenção de um *status* social.

A figura feminina ativa, dinâmica, consumidora de bens e tomadora de decisões era fundamental nessa nova sociedade na qual cultivar a sociabilidade era um investimento, que ao mesmo tempo, reforçava antigos laços sociais e criava outros novos. Portanto, os fragmentos da cultura material ligados às práticas alimentares das famílias possibilitaram uma reflexão sobre as significações desses objetos para a sociedade que os incorporou à sua vida cotidiana, indicando-nos os seus modos de vida e os seus aspectos culturais.

As famílias menos favorecidas, – os ferroviários, ex-escravos, os pequenos agricultores e os trabalhadores em geral –, procuravam seguir dentro de suas possibilidades econômicas esses modelos. Por exemplo, alguns escravos foram alforriados e receberam de seus senhores uma pequena propriedade; outras vezes, ganhavam uma quantia em dinheiro e ferramentas para continuarem a exercer suas profissões.[1]

A sociabilidade praticada pelas elites por certo não chegou aos lares dos demais estratos da sociedade. As ocasiões em que às famílias simples se expunham aos olhares públicos eram as festas religiosas ou políticas. Nessas festividades, procuravam se apresentar trajando suas melhores roupas e usando as poucas joias de ouro que possuíam – brincos e colares, no caso das senhoras[2] –, os homens portavam seus relógios de algibeira com corrente de ouro. Enfim, o ambiente propiciava uma circula-

---

[1] O Comendador Antônio Manoel Teixeira deixou uma casa para o casal de escravos José [Cacanga] e sua mulher Mafalda e mais 100$000 em moedas para a compra de ferramentas próprias ao seu ofício. Inventário TJC, 1.Ofício, 1852, Cx. 162, Proc.2 899, fl. 4v.

[2] Ana Joaquina de Oliveira possuía, além de seus tachos e bacias, "um cordão de ouro pesando 8 oitavas, no valor de 25$600 e um rosário e uma cruz pesando 5 oitavas e meia, no valor de 4$080." Inventário TJC, 1.Ofício, 1860, Cx. 190, Proc. 3289, fl. 3.

ridade de novos símbolos e produtos culturais e essa população simples queria demonstrar à elite campineira que sabia se comportar em público e valer-se de alguns signos característicos da aristocracia.

Tendo em vista a nossa pesquisa, consideramos que houve uma interessante especificidade para a cidade de Campinas, que vivenciou seu apogeu econômico e cultural a partir de 1840 até a crise do café em 1929. Período este que, mesmo sofrendo com as epidemias de febre amarela, com as crises políticas geradas no conflito entre conservadores e liberais, soube recuperar-se e despontar-se novamente no cenário econômico nacional de meados do século xx. Sua tradição cultural pode ser notada ainda hoje, através dos seus patrimônios arquitetônicos e dos hábitos das famílias remanescentes desse período, cuja postura e adoção de modelos ainda são percebidas na sociedade campineira.

Referências bibliográficas e fontes documentais[1]

1. Fontes Primárias – Arquivos

CADERNOS de receitas (1863-1873). Coleção Quirino dos Santos e Simões. Centro de Memória–Unicamp.

CADERNOS de receitas (1910-1930). Coleção Souza Campos. Centro de Memória–Unicamp.

INVENTÁRIOS. Fundo Tribunal de Justiça de Campinas. Centro de Memória–Unicamp.

INVENTÁRIOS. Fundo TJC. CMU.

---

[1] Baseadas na norma NBR6023, de 2002, da Associação Brasileira de Normas Técnicas (ABNT).

Ofício	Ano	Caixa	Processo	Inventariado	Inventariante
1.Ofício	1836	692	1811	Capitão João Francisco de Andrade	D. Ana Franca Cardoso
1.Ofício	1844	131	2460	D. Ana Matilde de Almeida	Joaquim Bonifácio do Amaral
1.Ofício	1845	134	2533	Antônio Manoel do Prado	Clara Maria do Espírito Santo
1.Ofício	1850	154	2798	Ana Joaquina de Souza	Manoel José de Oliveira
1.Ofício	1852	162	2899	Comendador Antônio Manoel Teixeira	Cap. Jaime da Silva Teles
1.Ofício	1855	173	3029	Ana Cândida de Oliveira	Diogo Antônio de Camargo
1.Ofício	1855	172	3016	Francisco de Paula Antunes	D. Escolástica Miquelina da Assumção
1.Ofício	1855	173	3026	Joaquim Marques Coutinho	D. Ana Franco de Andrade Coutinho
1.Ofício	1860	190	3289	Ana Joaquina de Oliveira	José Machado de Barros
1.Ofício	1865	218	3743	Abel Bueno de Lacerda	Francisco Bueno de Lacerda
1.Ofício	1873	257	4359	Comendador Francisco Teixeira Vilela	D. Maria Josefa da Conceição Vilella
1.Ofício	1880	296	4907	João Henrique Krug	D. Carolina Florence e outros

Ofício	Ano	Caixa	Processo	Inventariado	Inventariante
1.Ofício	1883	317	5160	Teresa Miquelina do Amaral Pompeu	Visconde de Indaiatuba
1.Ofício	1884	323	5224	Barão de Itatiba/ Joaquim Ferreira Penteado	Baronesa de Itatiba
1.Ofício	1890	361	5731	D. Francisca Leite de Freitas	Barão de Ataliba Nogueira
1.Ofício	1892	373	5903	Barão e Baronesa de Ibitinga	Barão e Baronesa de Ibitinga
1.Ofício	1895	394	6117	D. Francisca Amália Quirino dos Santos	Bento Quirino dos Santos
1.Ofício	1899	430	6472	Celestino Rodrigues	D. Generosa de Barros Rodrigues
1.Ofício	1902	464	6813	Margarida Wohnrath	Martinho Wohnrath
1.Ofício	1915	823	13097	D. Francisca de Andrade Nogueira	Joaquim Teixeira Nogueira de Almeida
1.Ofício	1918	732	10674	Joaquim Teixeira Nogueira de Almeida	José Guathemosin Nogueira

2.Ofício	1871	255	5565	Américo Ferreira de Camargo Andrade	D. Maria Benedita de Camargo Andrade
Ofício	**Ano**	**Caixa**	**Processo**	**Inventariado**	**Inventariante**
2.Ofício	1886	235	5602	D. Custódia Leopoldina de Oliveira	Carlos Quirino Simões
2.Ofício	1890	259	5627	Josefa Africana	Matias Firmino Barbosa
2.Ofício	1895	267	5681	Adolfo Massagli	D. Ana Massagli
2.Ofício	1895	266	5679	Alexandre Sbragia	[João Monardini]
2.Ofício	1896	275	5742	D. Maria de Ramos	Manoel de Ramos Mendes
2.Ofício	1897	271	5705	Nicolau di Petta	Carolina Duguaniero
2.Ofício	1905	282	5790	Germano Stefanini	Gazzoli Pasqua (Paschoa)
2.Ofício	1905	282	5784	D. Joana Venere	Bartolomeu Venere
2.Ofício	1915	301	5922	Gabriel de Camargo Penteado	Herculano Camargo Penteado
2.Ofício	1920	312	6007	Dr. Tomaz Alves	D. Etelvina Sales Alves
3.Ofício	1851	364	6796	D. Cândida Maria de Vasconcelos Barros	Hercules Florence
3.Ofício	1851	363	6792	José Bueno de Camargo	D. Maria Miquilina do Rosário

Ofício	Ano	Caixa	Processo	Inventariado	Inventariante
3.Ofício	1852	365	6804	D. Francisca de Paula Nogueira	Luciano Teixeira Nogueira
3.Ofício	1863	394	6980	D. Miquelina Dulce do Amaral	Francisco de Paula Souza
3.Ofício	1870	423	7130	Washington Víctor José Menier	D. [Vesúvia] Urbana da Silva Menier
3.Ofício	1871	430	7173	Capitão Camilo Xavier Bueno da Silveira	D. Francisca de Camargo Andrade
3.Ofício	1876	450	7278	Antônio Jesuíno de Olivei Barreto	D. Aristéa Brasiliana de Lemos Barreto
3.Ofício	1877	454	7304	Joaquim Pedro Hichl [Kiehl]	D. Elisa Soares Hichl
3.Ofício	1877	299	6124	Maria Custódia de Oliveira	O juízo de ausentes e coletor de rendas gerais
3.Ofício	1878	462	7348	Luiz Faber	D. Augusta Faber
3.Ofício	1878	463	7356	D. Eunice [Providencer] Ratecliff	Ricardo Ratecliff
3.Ofício	1879	467	7377	Maria Francisca Langaard	Joaquim Barbosa da Cunha

3.Ofício	1879	466	7372	Hercules Florence	D. Carolina Florence
Ofício	**Ano**	**Caixa**	**Processo**	**Inventariado**	**Inventariante**
3.Ofício	1882	476	7430	Adelaide Rosa de Campos	Francisco Barbosa Campos
3.Ofício	1885	480	7461	D. Gertrudes Elvira da Silva Prado	Bartholomeu da Silva Prado
3.Ofício	1889	492	7549	Francisco Krug	D. Ana Helena Krug
3.Ofício	1891	501	7617	Adão Schäffer	Luiza Schäffer
3.Ofício	1892	507	7655	João Domingos Passaglia	D. Virgínia Passaglia
3.Ofício	1892	507	7656	Oto Langard	D. Guilhermina Langaard
3.Ofício	1892	506	7653	Antônio Joaquim Gomes Tojal	Albino Fernandes Guimarães
3.Ofício	1893	509	7669	D. Eugênia Langaard Barbosa de Oliveira	Dr. Eugênio Barbosa de Oliveira
3.Ofício	1893	681	10631	Dr. Ricardo Gumbleton Daunt	D. Alícia O'Connor de Camargo Daunt
3.Ofício	1895	513	7699	D. Ana Franco de Campos	Comendador Francisco de Paula Bueno

Ofício	Ano	Caixa	Processo	Inventariado	Inventariante
3.Ofício	1896	516	7723	D. Custódia Oliveira Soares	João Libânio de Abreu Soares
3.Ofício	1897	521	7762	Luís Piccolotto [solteiro]	José Piccolotto
3.Ofício	1900	522	7771	José Pinto Nunes	D. Teresa de Carvalho Nunes
3.Ofício	1905	533	7823	Olegário Ortiz	José Ortiz
3.Ofício	1916	685	10869	Francisco Barreto Junior	D. Adelaide Augusta Florence
4.Ofício	1873	225	4684	D. Maria Benedita de Camargo Andrade	Antônio Ferreira de Camargo Andrade
4.Ofício	1874	296	5451	D. Anésia de Queiros Ferreira Dauntre	Cornélio O'Connor de Camargo Dauntre
4.Ofício	1874	226	4688	D. Ana Brandina Opalka	Alberto Opalka
4.Ofício	1875	227	4693	Dr. Jorge Guilherme Henrique Krug	João Henrique Krug
4.Ofício	1880	232	4735	Joaquim Mariano da Silva	Francisco Glicério

4.Ofício	1889	186	5096	Pedro Américo de Camargo Andrade	Ana de Arruda Camargo Andrade
Ofício	Ano	Caixa	Processo	Inventariado	Inventariante
4.Ofício	1890	273	5172	Alberto Eduardo Issvinerd [Swinerd]	D. Ema Amélia Issvinerd
4.Ofício	1890	274	5181	Paulino Giovanetti	Carolina Giovanetti
4.Ofício	1890	272	5162	D. Maria Amélia Andrade Pontes	Luís Antônio de Pontes Barbosa
4.Ofício	1891	280	5285	Jerônimo Isotta	José Isotta
4.Ofício	1891	281	5298	Isabel Schivatsmann	Nicolau Schivatsmann
4.Ofício	1892	285	5325	Antônio Chinaglia	Marieta Chinaglia (pertencia à família Baldo)
4.Ofício	1892	284	5319	D. Filomena Quirino Simões Magro	Hilário Pereira Magro Júnior
4.Ofício	1892	285	5326	Alexandre Petrucci [e esposa]	Antônio Alvares Lobo (Dr.)
4.Ofício	1893	289	5363	Maria Luísa das Dores	João Langaard
4.Ofício	1895	299	5478	Cornélio O'Connor de Camargo Dauntre	Comendador Torlogo O'Connor de Camargo Dauntre

4.Ofício	1895	298	5468	D. Joaquina Maria D'Almeida Resende	Abel de Andrade Villares
Ofício	**Ano**	**Caixa**	**Processo**	**Inventariado**	**Inventariante**
4.Ofício	1896	303	5517	AdoFo Müller Bernhardt	D. Maria Luísa Müller
4.Ofício	1905	359	6115	João Libânio de Abreu Soares	Dr. Antônio de Pádua Sales
4.Ofício	1908	385	6409	Albino José Barbosa de Oliveira	Luísa Ataliba Barbosa de Oliveira
4.Ofício	1909	393	6940	Comendador Torlogo O'Connor Paes C. Dauntre	D. Clotilde de Camargo Dauntre
4.Ofício	1909	393	6534	Elias Miranda de Camargo	Francisco Bueno da Silva
4.Ofício	1910	402	6682	Carlos Rittner	Catarina Rittner
4.Ofício	1910	401	6677	Luís Morelli	Natalina Morelli

2. Almanaques e Jornais

ALMANAQUE de Campinas (Literário e Estatístico). Organizado e publicado por Francisco Cardona e José Rocha. Campinas: Tip. Cardona, 1892.

ALMANAQUE do Correio de Campinas. Organizado e publicado por Henrique de Barcelos. Campinas: Tip. Correio de Campinas, 1886.

ALMANAQUE Popular de Campinas para o ano de 1879. Organizado e publicado por Carlos Ferreira e Hipólito da Silva. Campinas: Tip. da Gazeta de Campinas, 1879.

ALMANAQUE de Campinas para 1871. Organizado e publicado por José Maria Lisboa. Campinas: Tip. da Gazeta de Campinas, 1870.

ALMANAQUE de Campinas para 1873. Organizado por José Maria Lisboa. Campinas: Tip. da Gazeta de Campinas, 1872.

GAZETA de Campinas. Redator e Proprietário F. Quirino dos Santos. Campinas, a. VIII, n. 697, p. 3-4, 12 mar. 1876.

GAZETA de Campinas. Redator e Proprietário F. Quirino dos Santos. Campinas, Ano VII, n. 612, p. 2, 17 nov. 1875.

GAZETA de Campinas. Redator e Proprietário F. Quirino dos Santos. Campinas, Ano VII, n. 605, p. 2, 9 nov. 1875.

DIÁRIO de Campinas. Campinas, 6 dez. 1889.

CORREIO Popular. Campinas, 21 out. 1968.

3. Viajantes Estrangeiros

ENDER, Thomas. *Viagem pitoresca através do Brasil.* Belo Horizonte: Itatiaia; São Paulo: Edusp, 1979.

EXPILLY, Charles. *Mulheres e costumes no Brasil.* 2.ed. São Paulo: Companhia Editora Nacional, 1977. (Coleção Brasiliana, v. 56).

KIDDER, Daniel P. *Reminiscências de viagens e permanência no Brasil* Rio de Janeiro e Província de São Paulo. Brasília: Senado Federal, 2001. (Coleção O Brasil visto por estrangeiros).

LUCCOCK, John. *Notas sobre o Rio de Janeiro e partes meridionais do Brasil.* Belo Horizonte: Itatiaia; São Paulo: Edusp, 1975.

MAWE, John. *Viagens ao interior do Brasil.* Belo Horizonte: Itatiaia; São Paulo: Edusp, 1978.

RUGENDAS, John Moritz. *Viagem pitoresca através do Brasil.* 8.ed. Belo Horizonte: Itatiaia; São Paulo: Edusp, 1979. (Coleção Reconquista do Brasil, Nova Série, v. 2).

SAINT-HILAIRE, Auguste de. *Viagem à província de São Paulo.* Belo Horizonte: Itatiaia; São Paulo: Edusp, 1976. (Coleção Reconquista do Brasil, v.18).

TSCHUDI, J.J. von. *Viagem às províncias do Rio de Janeiro e São Paulo.* Belo Horizonte: Itatiaia; São Paulo: Edusp, 1980. (Coleção Reconquista do Brasil, Nova Série, v.14).

ZALUAR, Augusto Emílio. *Peregrinação pela província de São Paulo.* Belo Horizonte: Itatiaia; São Paulo: Edusp, 1979. (Coleção Reconquista do Brasil, v. 23).

4. Livros, artigos e teses

ABRAHÃO, Fernando Antônio. *Ações de liberdade de escravos do Tribunal de Justiça de Campinas.* Campinas: Centro de Memória – Unicamp, 1992. (Coleção Instrumentos de Pesquisa, v. 1).

_____. *Criminalidade e modernização em Campinas:* 1880 a 1930. Dissertação (Mestrado em História). Instituto de Filosofia e Ciências Humanas/Universidade Estadual de Campinas, Campinas, 2002.

ALENCASTRO, Luiz Felipe de (org.). *História da vida privada no Brasil.* São Paulo: Companhia das Letras, 2004. (v. 2: Império: a corte e a modernidade nacional).

ALGRANTI, Leila Mezan. Famílias e vida doméstica. In: *História da vida privada no Brasil.* São Paulo: Companhia das Letras, 1997. (v. 1: Cotidiano e vida privada na América Portuguesa).

ALMEIDA, Ângela Mendes de *et al.* (org.). *Pensando a família no Brasil.* Rio de Janeiro: Espaço e Tempo, Edit. UFRJ, 1987.

ARAÚJO, Maria Lucília Viveiros. Os interiores domésticos após a expansão da economia exportadora paulista. *Anais do Museu Paulista:* nova série, v. 12, p.129-60, jan./dez. 2004.

ARIÈS, Philippe. Por uma história da vida privada. In: ARIÈS, Philippe; CHARTIER, Roger (orgs.). *História da vida privada.* São Paulo: Companhia das Letras, 1999. (v. 3: Da Renascença ao Século das luzes).

BACELLAR, Carlos de Almeida Prado. *Os senhores da terra.* Campinas: Centro de Memória–Unicamp, 1997. (Coleção Campiniana, v. 13)

BACHELARD, Gaston. *A poética do espaço.* São Paulo: Martins Fontes, 1989.

BADARÓ, Ricardo de Souza Campos. *Campinas, o despontar da modernidade.* Campinas, Centro de Memória–Unicamp, 1996. (Coleção Campiniana).

BAENINGER, Rosana. *Espaço e tempo em Campinas: migrantes e a expansão do pólo industrial paulista.* Campinas: Centro de Memória, NEPPO–Unicamp, 1996. (Coleção Campiniana, v. 5).

BARROS, Maria Paes. *No tempo de dantes,* 2ª ed. Rio de Janeiro: Paz e Terra, 1998.

BATTISTONI FILHO, Duílio. *Campinas: uma visão histórica.* Campinas: Pontes, 1996.

BAYEUX, Glória; SAGGESE, Antônio. *O móvel da casa brasileira.* São Paulo: Museu da Casa Brasileira, 1997.

BOURDIEU, Pierrre. *Coisas ditas.* São Paulo: Brasiliense, 1990.

BLOCH, Marc. *Apologia da História ou o ofício de historiador.* Rio de Janeiro: Zahar, 2001.

BRAUDEL, Fernand. *Civilização material, economia e capitalismo, séculos XV-XVIII.* São Paulo: Martins Fontes, 1995. (v. 1: As estruturas do cotidiano: o possível e o impossível).

_____. Vie matérielle et comportements biologiques. *Annales,* Paris, v. 16, n. 1-3, p. 545-49, 1961. (Euquêtes).

BRILLAT-SAVARIN, Jean Anthelme. *A fisiologia do gosto.* São Paulo: Companhia das Letras, 1995.

BRITO, Jolumá. *História da cidade de Campinas.* Campinas: Gráfica da ed. Saraiva de São Paulo, 1956-1969. 26.

BRUNO, Ernani da Silva. *Equipamentos, usos e costumes da casa brasileira.* São Paulo: Museu da Casa Brasileira, 2001. 4 v.

BRUIT, Héctor Hernán; ABRAHÃO, Eliane Morelli; LEANZA, Deborah D'Almeida; ABRAHÃO, Fernando Antonio (orgs.). *Delícias das sinhás: história e receitas culinárias da segunda metade do século XIX e início do XX.* Campinas: CMU, Arte Escrita Editora, 2007. (Adaptação, preparação e fotografia das receitas de Fernando Kassab; prefácio de Leila Mezan Algranti).

BURGUIÈRE, André. A antropologia histórica. In: LE GOFF, Jacques (org.). *A história nova.* São Paulo: Martins Fontes, 2001.

BURKE, Peter. Gilberto Freyre e a *nova história: tempo social.* rev. Sociol. USP, São Paulo, v. 9, n. 2, p. 1-12, out. 1997.

CAMARGO, Maria Daniela B. de. São Paulo moderno: açúcar e café, escravos e imigrantes. In: *Terra Paulista:* histórias, arte, costumes. São Paulo: Cenpec, Imprensa Oficial, 2004. (v. 1: A formação do Estado de São Paulo, seus habitantes e os usos da terra).

CAMILLO, Ema E. Rodrigues. *Guia histórico da indústria nascente em Campinas (1850-1887).* Campinas: Centro de Memória, Mercado de Letras, 1998.

CAPEL, Heloísa. Cozinha como espaço de contrapoder feminino. *Fragmentos de cultura,* Goiânia, v. 14, n. 6, p. 1183-1191, jun. 2004.

CARNEIRO, Henrique Soares. As fontes para os estudos históricos sobre a alimentação. In: *Arquivo Ernani Silva Bruno:* equipamentos da casa brasileira. São Paulo: Museu da Casa Brasileira, setembro 2005. CD-ROM.

CARVALHO, Marcos Rogério Ribeiro de. *Pratos, xícaras e tigelas:* um estudo de Arqueologia Histórica em São Paulo, séculos XVIII e XIX. Dissertação (Mestrado em Arqueologia). Faculdade de Filosofia, Letras e Ciências Humanas, Universidade de São Paulo, São Paulo, 1999.

CARVALHO, Vânia Carneiro de. *Gênero e artefato:* o sistema doméstico na perspectiva da cultura material. São Paulo, 1870-1920. Tese (Doutorado em História Social). Faculdade de Filosofia, Letras e Ciências Humanas, Universidade de São Paulo, 2001.

_____. Gênero e cultura material: uma introdução bibliográfica. *Anais do Museu Paulista.* São Paulo: nova série, v. 8/9, p. 293-324, 2000-2002.

CERTEAU, Michel de; GIARD, Luce. Espaços privados. In: CERTEAU, Michel; GIARD, Luce; MAYOL, Pierre. *A invenção do cotidiano*, 3ª ed. Petrópolis: Vozes, 2000. (v.2: Morar e cozinhar).

CHARTIER, Roger. Introdução. In: *História da vida privada.* São Paulo: Companhia das Letras, 1999. (v. 3: Da Renascença ao Século das Luzes).

CLESER, Vera A. *O lar domestico. Conselhos para a boa direcção de uma casa*, 3ª ed. Rio de Janeiro, São Paulo: Laemmert & C., 1906.

CÓDIGO de Posturas da Camara Municipal da cidade de Campinas. Campinas: Typ. Campineira, 1864.

COZINHEIRO Nacional ou Colecção das melhores receitas das cozinhas brasileira e europeias. Rio de Janeiro: B.-L. Garnier, s.d.

DAUNT, Ricardo Gumbleton. *Diário da Princesa Isabel:* excursão dos Condes D'Eu à Província de São Paulo em 1884. São Paulo: Ed. Anhembi, 1957.

DEL PRIORE, Mary. *Festas e utopias no Brasil Colonial.* São Paulo: Brasiliense, 1994.

D'ELBOUX, Roseli Maria Martins. Uma *promenade* nos trópicos: os barões do café sob as palmeiras-imperiais, entre o Rio de Janeiro e São Paulo. *Anais do Museu Paulista:* nova série, São Paulo, nova série, v. 14, n. 2, p. 193-250, jul.– dez. 2006.

DIAS, Maria Odila Leite da Silva. *Quotidiano e poder em São Paulo no século XIX*, 2ª ed. São Paulo: Brasiliense, 1995.

D'INCAO, Maria Ângela. Mulher e família. In: DEL PRIORE, Mary (org.). *História das mulheres no Brasil.* São Paulo: Contexto, 1997.

DUROZOI, Gérard; ROUSSEL, André. *Dicionário de Filosofia.* 2 ed. Campinas: Papirus, 1996.

ELIAS, Norbert. *O processo civilizador:* formação do Estado e civilização. Uma história dos costumes. Rio de Janeiro: Zahar, 1993. v. 2

_____. *O processo civilizador:* uma história dos costumes. 2.ed. Rio de Janeiro: Zahar, 1994. v.1

ENCICLOPÉDIA Einaudi. Portugal: Imprensa Nacional Casa da Moeda, 1989. v. 16: Homo-Domesticação. Cultura material.

ERNICA, Maurício. Uma metrópole multicultural na terra paulista. In: *Terra Paulista:* histórias, arte, costumes. São Paulo: Cenpec, Imprensa Oficial, 2004. (v. 1: A formação do Estado de São Paulo, seus habitantes e os usos da terra).

FRAGOSO, João Luis Ribeiro; PITZER, Renato Rocha. Barões, homens livres pobres e escravos: notas sobre uma fonte múltipla – Inventários *post mortem. Revista Arrabaldes,* Rio de Janeiro, ano I, n. 2, p. 29-52, set./dez. 1988.

FRANCISCO, Luís Roberto de. A gente paulista e a vida caipira. In: *Terra Paulista:* histórias, arte, costumes. São Paulo: Cenpec, Imprensa Oficial, 2004. (v. 2: Modos de vida dos paulistas: identidades, famílias e espaços domésticos)

FRANCO, Ariovaldo. *De caçador a Gourmet: uma história da gastronomia.* São Paulo: Ed. Senac, 2001.

FREITAS, Sônia Maria de. *História oral:* possibilidades e procedimentos. São Paulo: Humanitas, Imprensa Oficial, 2002.

FREYRE, Gilberto. *Casa-grande & senzala*: formação da família brasileira sob o regime da economia patriarcal. São Paulo: Círculo do Livro, s.d.

_____. *Ingleses no Brasil:* aspectos da influência britânica sobre a vida, a paisagem e a cultura do Brasil, 3ª ed. Rio de Janeiro: TopBooks Editora, 2000.

_____. *Problemas brasileiros de Antropologia*. Rio de Janeiro: Livraria José Olympio, 1959.

_____. *Sobrados e mucambos:* decadência do patriarcado rural e desenvolvimento urbano, 14ª ed. revista. São Paulo: Global, 2003.

FRIEIRO, Eduardo. *Feijão, angu e couve:* ensaio sobre a comida dos mineiros, 2ª ed. São Paulo: Itatiaia, 1982. (Coleção Reconquista do Brasil, nova série, v. 72).

FURET, François. O quantitativo em História. In: LE GOFF, Jacques; NORA, Pierre (orgs.). *História, novos problemas*. Rio de Janeiro: Editora Francisco Alves, 1995.

GINZBURG, Carlo. *Relações de força*. História, retórica, prova. São Paulo: Companhia das Letras, 2002.

GOULART, Edmo. *Campinas, ruas da época Imperial*. Campinas: Maranata, 1983.

HALL, Catherine. Sweet home. In: PERROT, Michelle. *História da vida privada*. São Paulo: Companhia das Letras, 2003. (v. 4: Da Revolução Francesa à Primeira Guerra).

HOMEM, Maria Cecília Naclério. *Café, Indústria e Cozinha:* Passagem da cozinha rural a urbana: São Paulo, 1830-1918. Museu Republicano Convenção de Itu, Museu Paulista–USP. Palestra ministrada no I Seminário de História do Café: História e Cultura Material. <www.mp.usp.br/cafe/textos/Maria%20Cec%C3%ADlia%20 Nacl%C3%A9rio%20Homem.pdf>. Acesso em 15 nov. 2006.

_____. *O palacete paulistano e outras formas de morar da elite cafeeira*. 1867-1918. São Paulo: Martins Fontes, 1996.

HOLANDA, Sérgio Buarque de. *Caminhos e fronteiras*, 3ª ed. São Paulo: Companhia das Letras, 2001.

HUNT, Lynn. *A nova História cultural*. São Paulo: Martins Fontes, 2001.

KARASTOJANOV. Andréa Mara Souto. *Vir, viver e talvez morrer em Campinas:* um estudo sobre a comunidade alemã residente na zona urbana durante o Segundo Império. Campinas: Centro de Memória–Unicamp, 1999. (Coleção Campiniana, vol. 19)

KULA, Witold. *Problemas y métodos de la historia economica*. Barcelona: Ediciones Península, 1974. (Coleção História, ciência, sociedade, 100).

MALUF, Marina. *Ruídos da Memória*. São Paulo: Editora Siciliano, 1995.

LAPA, José Roberto do Amaral. *A cidade: os cantos e os antros.* Campinas 1850-1900. São Paulo: Edusp, 1995.

LE GOFF, Jacques. *História e memória*. Campinas: Edit. da Unicamp, 2003.

_____. A história do cotidiano. In: DUBY, G. *et al. História e nova história*. Lisboa: Teorema, 1986.

LEMOS, Carlos A. C. *Casa paulista:* história das moradias anteriores ao ecletismo trazido pelo café. São Paulo: Edusp, 1999.

_____. *Cozinhas, etc.*: um estudo sobre as zonas de serviço da Casa Paulista. São Paulo: Perspectiva, 1978.

_____. Transformações do espaço habitacional ocorridas na arquitetura brasileira do século XIX. *Anais do Museu Paulista:* nova série, n.1, 1993.

LEVG, Fortunée. Vidros e cristais. *Anuário do Museu Imperial,* p.195-235, 1943.

LIMA, Tania Andrade *et al*. A tralha doméstica em meados do século XIX: reflexos da emergência da pequena burguesia do Rio de Janeiro. *Dédalos,* São Paulo, n.1, p. 205-30, 1989.

_____. Pratos e mais pratos: louças domésticas, divisões culturais e limites sociais no Rio de Janeiro, século XIX. *Anais do Museu Paulista: história e cultural material.* São Paulo: nova série, v. 3, p.129-91, jan./dez. 1995.

MACHADO, Alcântara. *Vida e morte do bandeirante.* São Paulo: Governo do Estado de São Paulo, 1978. (Coleção Paulística, v. XIII).

MALTA, Marize. Interiores e mobiliário no Brasil imperial antes do ecletismo. *Art and Architecture of the Américas.* United Kingdom: University of Essex. Disponível em <http://www2.essex.ac.uk/arthistory/arara/issue_one/paper2.html> Acesso em 14 set. 2005.

MALUF, Marina. *Ruídos da memória.* São Paulo: Siciliano, 1995.

MARANHO, Milena Fernandes. *A opulência relativizada:* significados econômicos e sociais dos níveis de vida dos habitantes da região do Planalto de Piratininga 1648-1682. Dissertação (Mestrado em História). Instituto de Filosofia e Ciências Humanas, Universidade Estadual de Campinas, Campinas, 2000.

MARINS, Paulo César Garcez. *Através da rótula:* sociedade e arquitetura urbana no Brasil. Sécs. XVII-XX. Tese (Doutorado em História Social). Faculdade de Filosofia, Letras e Ciências Humanas. Universidade de São Paulo, São Paulo, 1999.

_____. Habitações em São Paulo no século XVIII e nas décadas iniciais do século XIX. In: *Habitação em São Paulo: história dos espaços e formas de morar.* São Paulo: Curso de extensão universitária na modalidade Difusão. Pró-reitoria de Cultura e Extensão Universitária, USP, 2007.

MARTINEZ, Claudia Eliane Parreira Marques. *Cinzas do passado:* riqueza e cultura material no vale do Paraopeba (MG) 1840-1914. Tese (Doutorado em História Econômica). Faculdade de Filosofia, Letras e Ciências Humanas, Universidade de São Paulo, São Paulo, 2006.

MARTIN-FUGIER, Anne. Os ritos da vida privada burguesa. In: PERROT, Michele (org.). *História da vida privada*. São Paulo: Companhia das Letras, 2003. (v. 4: Da Revolução Francesa à Primeira Guerra).

MARTINS, Amélia de Rezende. *Um idealista realizador:* Barão Geraldo de Rezende. Rio de Janeiro: Oficinas Gráficas do Almanaque Laemmert, 1939.

MARTINS, José de Souza. *A sociabilidade do homem simples:* Cotidiano e história na modernidade anômala. São Paulo: Hucitec, 2000.

MARTINS, José Pedro Soares. *Campinas:* imagens da História. Campinas: Editora Komedi, 2007.

MARTINS, Valter. *Nem senhores, nem escravos:* Os pequenos agricultores em Campinas (1800-1850). Campinas: Centro de Memória-Unicamp, 1996. (Coleção Campiniana, 10).

MAURO, Frédéric. *O Brasil no tempo de dom Pedro II:* 1831-1889. São Paulo: Companhia das Letras, Círculo do Livro, 1991. (Coleção A vida Cotidiana).

MENDES, José de Castro. Influência francesa no comércio. História de Campinas. *Correio Popular,* Campinas, p. 6-7, 21 out. 1968.

_____. *Efemérides Campineiras 1739 – 1960*. Campinas: Ed. Gráfica Palmeiras, 1963.

MENEZES, Ulpiano Bezerra de Menezes. *As dimensões materiais da vida humana.* Palestra proferida no Museu da Casa Brasileira, São Paulo, 13 set. 2005.

NEEDEL, Jeffrey. *Belle époque tropical.* São Paulo: Companhia das Letras, 1993.

NOVAIS, Fernando A. Prefácio. In: MELLO E SOUZA, Laura (org.). *História da vida privada no Brasil*. São Paulo: Cia. das Letras, 1997. (V.1: Cotidiano e vida privada na América Portuguesa).

NORWAK, Mary. *Kitchen Antiques*. Londres: Ward Locked, 1975.

PERROT, Michelle. Maneiras de morar. In: PERROT, Michelle (org.). *História da vida privada*. São Paulo: Companhia das Letras, 2003. (v. 4: Da Revolução Francesa à Primeira Guerra).

PESAVENTO, Sandra Jatahy. Um encontro marcado – e imaginário – entre Gilberto Freyre e Albert Eckhout. *Revista de História e Estudos Culturais,* v. 3, n. 2, abril/maio/jun. 2006.

PESEZ, Jean-Marie. História da cultura material. In: LE GOFF, Jacques (org.). *A história nova*. São Paulo: Martins Fontes, 2001.

PESSOA, Ângelo Emílio da Silva (org.). *Campinas numa perspectiva histórica*. Campinas: Secretaria Municipal de Educação de Campinas, 2004.

PILLA, Maria Cecília Barreto Amorim. *A arte de receber distinção e poder à boa mesa*: 1900-1970. Tese (Doutorado em História) – Departamento de História, Universidade Federal do Paraná, Curitiba, 2004.

PINHO, Wanderley. *Salões e damas do segundo reinado*, 3ª ed. São Paulo, Livraria Martins Editora, s. d.

PIRES, Cornélio. *Conversas ao pé do fogo:* páginas regionais, 3ª ed. São Paulo: Companhia Editora Nacional, 1927.

PIRES, Mario Jorge. *Sobrados e barões da velha São Paulo*. São Paulo: Manole, 2006.

PRINS, Gwyn. História Oral. In: BURKE, Peter (org.). *A escrita da História:* novas perspectivas. São Paulo: Edit. Unesp, 1992.

POUNDS, Norman J. G. *La vida cotidiana: historia de la cultura material*. Barcelona: Editorial Critica, 1992.

PUPO, Benedito Barbosa. *Oito Bananas por um tostão:* campinas de outros tempos, 2ª ed. Campinas: Secretaria Municipal de Cultura, Esportes e Turismo, 1995.

_____; GONÇALVES, Fúlvia. *Testemunhos do passado campineiro*. Campinas: Ed. da Unicamp, 1986.

PUPO, Celso Maria de Mello. *Campinas, município no Império: fundação e constituição, usos familiares, engenhos e fazendas*. São Paulo: Imprensa Oficial do Estado, 1983.

_____. *Campinas, seu berço e juventude*. Campinas: Academia Campinense de Letras, 1969.

QUEIRÓZ, Vitalina Pompêo de Sousa. *Reminiscências de Campinas*. Campinas: s.c.p., 1951.

RAINHO, Maria do Carmo Teixeira. *A cidade e a moda*. Brasília: Ed. UNB, 2002.

_____. A distinção e suas normas: leituras e leitores dos manuais de etiqueta e civilidade – Rio de Janeiro, século XIX. *Acervo*, Rio de Janeiro, v. 8, n. 1-2, p. 139-52, jan./dez. 1995.

RANUM, Orest. Os refúgios da intimidade. In: *História da vida privada*. São Paulo: Companhia das Letras, 1999. (v. 3: Da Renascença ao Século das Luzes).

REDE, Marcelo. Estudos de cultura material: uma vertente francesa. *Anais do Museu Paulista*. São Paulo, nova série, v. 8-9, p.281-291, 2000-2001.

_____. História a partir das coisas: tendências recentes nos estudos de cultura material. *Anais do Museu Paulista:* nova série, v. 4, p. 265-82, jan./dez. 1996.

REVEL, Jacques. Os usos da civilidade. In: *História da vida privada*. São Paulo: Companhia das Letras, 1999. (v.3: Da Renascença ao Século das Luzes).

RIBEIRO, Arilda Inês Miranda. *A educação feminina durante o século XIX: o Colégio Florence de Campinas 1863-1889*. Campinas: Centro de Memória–Unicamp, 1996. (Col. Campiniana, v. 4).

RIBEIRO, Renato Janine. *A etiqueta no antigo regime*. São Paulo: Moderna, 1999. (Coleção Polêmica).

ROCHE, Daniel. *História das coisas banais:* nascimento do consumo séc. XVII-XIX. Rio de Janeiro: Rocco, 2000.

_____. *O povo de Paris:* ensaio como a cultura popular no século XVIII. São Paulo: Edusp, 2004.

RODRIGUES, J. Wasth. *As artes plásticas no Brasil:* mobiliário. Rio de Janeiro: Edições Ouro, 1958.

ROQUETE, J. I. *O código do bom-tom*. Organização Lilia Moritz Schwacz. São Paulo: Companhia das Letras, 1997. (Série Retratos do Brasil)

ROSA, Nereide Schilaro Santa. *José Ferraz de Almeida Júnior*. São Paulo: Moderna, 1999. (Coleção Mestres das artes no Brasil).

SAMARA, Eni de Mesquita. *A família brasileira*, 3ª ed. São Paulo: Brasiliense, 1986. (Coleção Tudo é história, n. 71).

_____. *A família na sociedade paulista do século XIX (1800-1860)*. Tese (Doutorado em História). Faculdade de Filosofia, Letras e Ciências Humanas, Universidade de São Paulo, São Paulo, 1980.

SANTOS, Antonio da Costa. *Campinas, das origens ao futuro:* Compra e venda de terra e água e um tombamento na primeira sesmaria da Freguesia de Nossa Senhora da Conceição das Campinas do Mato Grosso de Jundiaí (1732-1992). Campinas: Edit. da Unicamp, 2002.

SANTOS, Maria Lygia Cardoso Köpke. *Entre louças, pianos, livros e impressos:* A Casa Livro Azul – 1876-1958. Campinas: Centro de Memória – Unicamp; Arte Escrita Editora, 2007.

SENNETT, Richard. *O declínio do homem público. As tiranias da intimidade.* São Paulo: Companhia das Letras, 1998.

SETUBAL, Maria Alice. Famílias paulistas, famílias plurais. In: *Terra Paulista:* histórias, arte, costumes. São Paulo: Cenpec, Imprensa Oficial, 2004. (v. 2: Modos de vida dos paulistas: identidades, famílias e espaços domésticos).

SILVA, Áurea Pereira da. Engenhos e fazendas de café em Campinas (Séc. XVIII – Séc. XX). *Anais do Museu Paulista; nova série,* v. 14, p. 81-119, jan.– jun. 2006.

SILVA, de Placido e. *Vocabulário Jurídico,* 10ª ed. Rio de Janeiro: Forense, 1987. v.1.

MELLO E SOUZA, Laura. Aspectos da historiografia da Cultura sobre o Brasil Colonial. In: FREITAS, Marcos Cezar (org.). *Historiografia brasileira em perspectiva.* São Paulo: Contexto, 1998.

TEIXEIRA, Paulo Eduardo. *Nobres famílias campineiras do século XIX:* Campinas: 1774-1850. Museu Republicano Convenção de Itu, Museu Paulista–USP. Palestra ministrada no I Seminário de História do Café: História e Cultura Material. <www.mp.usp.br/cafe/textos/Paulo%20Eduardo%20Teixeira.pdf>. Acesso em 15 nov. 2006.

TONON, Maria Joana. *Palácio dos azulejos:* de residência a paço municipal – 1878-1968. Dissertação (Mestrado em História). Instituto de Filosofia e Ciências Humanas, Universidade Estadual de Campinas, Campinas, 2003.

TRIGO, Maria Helena Bueno. *Os paulistas de 400 anos*: ser e parecer. São Paulo: Anablume, 2001.

VAINFAS, Ronaldo. *Dicionário do Brasil Imperial:* 1822-1889. Rio de Janeiro: Objetiva, 2002.

_____. História das mentalidades e História Cultural. In: CARDOSO, Ciro Flamarion; VAINFAS, Ronaldo (orgs.). *Domínios da História:* ensaios de teoria e metodologia. Rio de Janeiro: Campus, 1997.

VISSER, Margaret. *O ritual do jantar:* as origens, evolução, excentricidades e significado das boas maneiras. Rio de Janeiro: Campus, 1998.

VOVELLE, Michel. A história e a longa duração. In: LE GOFF, Jacques (org.). *A história nova.* São Paulo: Martins Fontes, 2001.

5. Home page

MEMORIAL do imigrante. Disponível em <http://www.memorialdoimigrante.sp.gov.br/historico/e1.htm>. Acesso em 20/03/2006.

6. Depoimentos

BADARÓ, Maria de Lurdes Souza Campos. *Depoimento com descendentes de famílias campineiras.* 13 mar. 2006. Entrevista concedida a Eliane Morelli Abrahão.

CAMARGO, Ana Maria Nogueira de. *Depoimento com descendentes de famílias campineiras.* 6 mar. 2006. Entrevista concedida a Eliane Morelli Abrahão.

CAMARGO, Luiz Nogueira de. *Depoimento com descendentes de famílias campineiras.* 6 mar. 2006. Entrevista concedida a Eliane Morelli Abrahão.

FRANCO, Aluízio Siqueira. *Depoimento com descendentes de famílias tradicionais da região de Campinas.* 31 jan. 2007. Entrevista concedida a Eliane Morelli Abrahão.

ULSON, Heitor José Rizzardo. *Depoimento com descendentes de famílias campineiras.* 3 fev. 2007. Entrevista concedida a Eliane Morelli Abrahão.

Caderno de imagens

Figura 4 – Os médicos e advogados atendiam à sua clientela em gabinetes montados em suas próprias residências. Era o caso do Dr. José Cooper Reinhardt. Em 1871, recebia seus pacientes no seu consultório à rua do Pórtico (atual Ferreira Penteado), n. 48 esquina com rua Lusitana. Sobre a porta de sua casa vemos a indicação de seu nome. (Coleção BMC, MIS-Campinas).

Figura 13 – Sala de estar da Fazenda Santa Maria.

Figura 14 – Sala de jantar da Fazenda Santa Maria.

Figura 31 – Móvel utilizado como aparador, recebia a baixela e todos os utensílios necessários para servir uma refeição. Nas gavetas acondicionavam-se os talheres, as toalhas de mesa e guardanapos. Buffet. Séc. XIX. (Acervo Rizzardo Ulson).

Figura 32 – Mesa elástica era a denominação dada às mesas de jantar que podiam ser aumentadas. Havia uma repartição onde uma parte de madeira sobressalente era encaixada. Séc. XIX. (Acervo Rizzardo Ulson).

Figura 33 – Móvel tipo cristaleira muito usado para guardar os cristais, porcelanas e baixela. Em alguns casos, servia como aparador. Cristaleira. Séc. XIX. (Acervo Ana Maria Nogueira de Camargo).

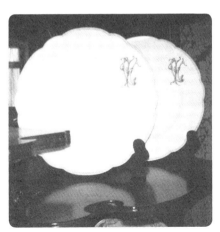 

Figura 34 – Exemplares de pratos com monogramas, as iniciais do sobrenome da família Vasconcelos. À direita, cremeira e travessa em porcelana, também com monograma. Séc. XIX. (Acervo do Museu Republicano Convenção de Itu).

Figura 35 – O ritual do consumo do chá possuía um código de etiqueta, uma gestualidade, utilizando-se de requintados equipamentos compostos de bules, leiteiras, açucareiros, xícaras, pires e jarras de porcelana inglesa ou de prata. Jogo de chá de prata. Séc. XIX. (Acervo Ana Maria Nogueira de Camargo).

Figura 36 – Detalhe dos lustres em cristal Baccarat dispostos nas salas de jantar da casa-grande de fazenda Santa Maria, de propriedade do Comendador Antonio Manoel Teixeira. Lustres de cristal. Séc. XIX. (Acervo Rizzardo Ulson).

Figura 40 – A delicadeza de seus entalhes faziam-no de uma beleza ímpar. Ernani Silva Bruno considerava este móvel como objeto de adorno. *Psiché*. Séc. XIX. (Acervo Ana Maria Nogueira de Camargo).

Figura 43 – Os fornos de barro eram utilizados para torrar farinha e café. À esquerda, ruínas de um forno localizado na parte de trás da casa-grande da fazenda Sete Quedas, Construção do séc. XIX. À direita: *Cozinha caipira*. Pintura de Almeida Jr. mostrando os detalhes de uma típica cozinha paulista. (Fotografia Rômulo Fialdini).

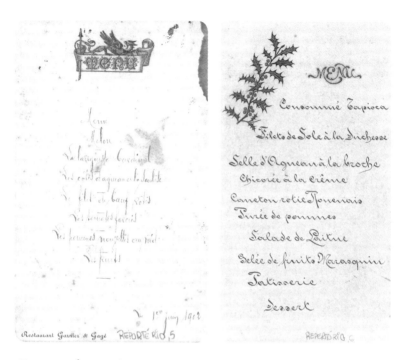

Figura 59 – À esquerda: Convite com o *menu* do Restaurant Garnier e Gagé. 1 de juin de 1902. À direita outro *menu*, sem data. (Coleção Dr. Tomaz Alves, Arquivos Históricos CMU–Unicamp).

Figura 61 – Cadernos de receitas de D. Custódia Leopoldina de Oliveira, de 1863-1873. (Acervo Arquivos Históricos CMU–Unicamp)

Figura 62 – Mesa dos doces, com tampo de mármore e uma canaleta na borda, para a colocação de água, evitando assim que as formigas chegassem às guloseimas. Talvez tenha sido em uma mesa como essa que a Baronesa Geraldo de Resende arrumou os doces que foram servidos na festa de inauguração de novas máquinas de beneficiamento de café na sede de sua fazenda. Séc. XIX. (Acervo Museu Republicano Convenção de Itu).

Figura 63 – A religiosidade dos imigrantes italianos os acompanhava em seus objetos. Detalhes da parte interna do baú de uma família italiana com as imagens de seus santos de devoção, coladas na tampa. Baú em madeira, forrado com tecido. Séc. XIX. (Acervo Concília de Petta).

Lista de figuras

Figura 1 – Primeiro prédio da Estação da Companhia Paulista de Estradas de Ferro. Década de 1870. *Almanaque de Campinas para o ano de 1873*.

Figura 2 – Corpo de professores do Colégio Florence. Década de 1880. (Coleção Cyrillo H. Florence. Retirado de PESSOA, Ângelo Emílio da Silva (org.). *Campinas numa perspectiva histórica*.

Figura 3 – Nota Fiscal da Farmácia Imperial de Antônio Jesuíno de Oliveira Barreto. Arquivos Históricos CMU-Unicamp.

Figura 4 – Casa do médico Dr. José Cooper Reinhardt. Coleção BMC, MIS-Campinas.

Figura 5 – Interior do Teatro São Carlos. Séc. XIX. Coleção MLSPM, MIS-Campinas.

Figura 6 – Residência da família Rocha Brito, denominada de Vila Rocha Brito. Coleção MLSPM, MIS-Campinas.

Figura 7 – Propaganda do Hotel Oriental. *Almanaque de Campinas para o ano de 1871*.

Figura 8 – Nota Fiscal de Monteiro & Filho especializado em vendas de louças, cristais, porcelanas, gêneros alimentícios e miudezas. Campinas, década de 1870. Arquivos Históricos CMU-Unicamp.

Figura 9 –	Escola do Povo. Coleção BMC, MIS-Campinas. Detalhe do frontão da escola. Fotografia de Angelo Pessoa, 2003. *Campinas numa perspectiva histórica*.
Figura 10 –	Nota Fiscal da Fundição Faber. Arquivos Históricos CMU–Unicamp. Grande Fundição Brasileira. *Diário de Campinas*. 1889.
Figura 11 –	Vista da Vila Industrial. Início do séc. xx. Coleção AP, MIS-Campinas.
Figura 12 –	Exemplar de uma das casas da Vila Industrial. Início do séc. xx. Coleção AP, MIS-Campinas.
Figura 13 –	Sala de estar da Fazenda Santa Maria. Fotografia de Eliane Morelli Abrahão, janeiro de 2007.
Figura 14 –	Sala de jantar da Fazenda Santa Maria. Fotografia de Eliane Morelli Abrahão, janeiro de 2007.
Figura 15 –	Porta-chapéus. Séc. xix. Fotografia de Eliane Morelli Abrahão, janeiro de 2007. Acervo da família Rizzardo Ulson.
Figura 16 –	Modelo de canastra. Séc. xviii e xix. Fotografia de Eliane Morelli Abrahão, novembro de 2004. Acervo Museu da Cidade de Ubatuba, SP.
Figura 17 –	Casa em que nasceu Carlos Gomes. Início do séc. xix. Coleção BMC, MIS-Campinas.
Figura 18 –	Modelo de casa urbana da primeira metade do séc. xviii. Desenho, março de 2007.
Figura 19 –	Residência de Felisberto Pinto Tavares. Coleção BMC, MIS-Campinas.
Figura 20 –	Vista do antigo prédio da Câmara e Cadeia, construído na década de 1820 e demolido em 1898. Óleo de Ruy Martins Ferreira, 1974. (Acervo CMC. *Campinas numa perspectiva histórica*).
Figura 21 –	Palacete de D. Theresa Miquilina do Amaral Pompeo inaugurado em 1846. Coleção BMC, MIS-Campinas.

Figura 22 – Casa sede da Fazenda Sete Quedas, Campinas, SP. Fotografia de Eliane Morelli Abrahão, novembro de 2006.

Figura 23 – Detalhe das janelas do salão superior. Casa sede da Fazenda Sete Quedas, Campinas, SP. Fotografia de Eliane Morelli Abrahão, novembro de 2006.

Figura 24 – Planta baixa da sede da Fazenda Sete Quedas. PUPO, Celso Maria de Mello. 1983.

Figura 25 – Palmeira imperial. Portão principal do solar do Barão de Itapura a rua Barreto Leme. Coleção BMC, MIS–Campinas.

Figura 26 – Sala de jantar de um sobrado. Final do séc. XIX. Coleção MLSPM, MIS–Campinas.

Figura 27 – Autos de avaliação para efeitos do comércio de propriedade de Alexandre Sbraggia. Arquivos Históricos CMU–Unicamp.

Figura 28 – Aparador com portas, gavetas e espelho de cristal. Dois vasos em opalina e relógio de mesa. Fotografia de Eliane Morelli Abrahão, novembro de 2006. Acervo Museu Republicano "Convenção de Itu".

Figura 29 – "Uma sala de estar em São Paulo." Thomas Ender, 1817, lápis aquarelado, 19,3cm x 30,6cm. Acervo do Gabinete de Gravuras da Academia de Belas Artes (Kupferstichkabinett der Academie der Bild Künste), Viena. *Terra Paulista.* 2004. v.2.

Figura 30 – Sala de visitas com mobília em "estilo medalhão". Séc. XIX. Fotografia de Eliane Morelli Abrahão, novembro de 2006. Acervo Museu Republicano "Convenção de Itu".
Detalhe do lustre com pingentes de cristal. Fotografia de Eliane Morelli Abrahão, novembro de 2006. Acervo Museu Republicano "Convenção de Itu".

Figura 31 – *Buffet.* Séc. XIX. Fotografia de Eliane Morelli Abrahão, janeiro de 2007. Acervo Rizzardo Ulson.

Figura 32 – Mesa elástica. Séc. XIX. Fotografia de Eliane Morelli Abrahão, janeiro de 2007. Acervo Rizzardo Ulson.

Figura 33 –	Cristaleira. Séc. XIX. Fotografia de Eliane Morelli Abrahão, março de 2006. Acervo Ana Maria Nogueira de Camargo.
Figura 34 –	Pratos com monogramas, iniciais da família Vasconcellos. Séc. XIX. Fotografia de Eliane Morelli Abrahão, novembro de 2006. Acervo Museu Republicano "Convenção de Itu". Cremeira e travessa em porcelana com monograma. Séc. XIX. Fotografia de Eliane Morelli Abrahão, novembro de 2006. Acervo Museu Republicano "Convenção de Itu".
Figura 35 –	Jogo de chá de prata. Séc. XIX. Fotografia de Eliane Morelli Abrahão, março de 2006. Acervo Ana Maria Nogueira de Camargo.
Figura 36 –	Lustres de cristal. Séc. XIX. Fotografia de Eliane Morelli Abrahão, janeiro de 2007. Acervo Rizzardo Ulson.
Figura 37 –	Serpentina com mangas e pingentes de cristal. PUPO, Celso Maria de Mello, 1983.
Figura 38 –	Relógio inglês de 1855 com caixa de madeira. Fotografia de Eliane Morelli Abrahão, março de 2006. Acervo Ana Maria Nogueira de Camargo. Jarra, porta copos e xícaras. Séc. XIX. Fotografia de Eliane Morelli Abrahão, março de 2006. Acervo Maria de Lurdes Badaró.
Figura 39 –	Bacia e Jarro de prata com monograma. Séc. XIX. Fotografia de Eliane Morelli Abrahão, março de 2006. Acervo Ana Maria Nogueira de Camargo. Objetos de toucador. Séc. XIX. Fotografia de Eliane Morelli Abrahão, março de 2006. Acervo Ana Maria Nogueira de Camargo.
Figura 40 –	*Psiché*. Séc. XIX. Fotografia de Eliane Morelli Abrahão, março de 2006. Acervo Ana Maria Nogueira de Camargo.

Figura 41 –	Papeleira ou escaninho com chaves. Início séc. XX. Fotografia de Eliane Morelli Abrahão, março de 2006. Acervo pessoal.
Figura 42 –	Jogo de caneta, tinteiro e espátula em prata. Séc. XIX Fotografia de Eliane Morelli Abrahão, novembro de 2006. Acervo Museu Republicano "Convenção de Itu".
Figura 43 –	Ruínas do forno de Barro. Construção do [séc. XIX]. Fazenda Sete Quedas, Campinas, SP. Fotografia de Eliane Morelli Abrahão, novembro de 2006. *Cozinha Caipira*. Óleo sobre tela 63x87cm. Pinacoteca do Estado. Fotografia Rômulo Fialdini. In: ROSA, Nereide Schilaro Santa. 1999.
Figura 44 –	Fogões econômicos. Fotografia de Eliane Morelli Abrahão, janeiro de 2007.
Figura 45 –	Batedor de manteiga manual. Séc.XIX. Fotografia de Eliane Morelli Abrahão, outubro de 2005. Exposição Terra Paulista, SESC–Pompeia, SP. Tacho de cobre. Séc. XIX. Fotografia de Eliane Morelli Abrahão, março de 2006. Acervo Ana Maria Nogueira de Camargo.
Figura 46 –	LAURENS, J. *Pilage du café*. Imp. Lemercier, 1859-61. Contribuitor: Charles Ribeyrolles (1812-1860). Acervo da Fundação da Biblioteca Nacional – Brasil.
Figura 47 –	Moringas e jarras de barro. Fotografia de Eliane Morelli Abrahão, janeiro de 2007. Fazenda do Engenho, Itapira, SP.
Figura 48 –	Garfo e colher. Início do séc. XIX. Fotografia de Eliane Morelli Abrahão, janeiro de 2007. Acervo Morelli de Oliveira.
Figura 49 –	Chaleiras de ferro e caldeirão de ferro. Séc. XIX. Fotografia de Eliane Morelli Abrahão, novembro de 2004. Museu da Cidade de Ubatuba, SP.
Figura 50 –	Sala estar do solar de Olívia Guedes Penteado. *A Cigarra*. São Paulo, n.442, 08 de dezembro de 1933. Biblioteca do CMU–Unicamp.

Figura 51 –	Sala estar do solar de Olívia Guedes Penteado. *A Cigarra*. São Paulo, n.442, 08 de dezembro de 1933. Biblioteca do CMU–Unicamp.
Figura 52 –	Casa Genoud. Álbum *Histórico Ilustrativo Informativo-Campinas Ontem/Hoje*. CCLA–Campinas.
Figura 53 –	Nota fiscal da Grande Confeitaria Minerva de Braga & Ca. Arquivos Históricos CMU–Unicamp.
Figura 54 –	Galheteiro para temperos. *Cozinheiro Nacional*, 1938.
Figura 55 –	Garfo trinchante, faca, colher para arroz e concha de sopa. Fotografia de Eliane Morelli Abrahão, fevereiro de 2007. Coleção Comendador Teodoro de Souza Campos, Biblioteca do CMU–Unicamp.
Figura 56 –	Salva de prata, Séc. xix. Fotografia de Eliane Morelli Abrahão, março de 2006. Fruteira. Início séc. xx. Fotografia de Eliane Morelli Abrahão, março de 2006. Acervo Maria de Lourdes Badaró.
Figura 57 –	Nota fiscal da Padaria Hespanhola de Manoel Troncoso. Arquivos Históricos CMU–Unicamp.
Figura 58 –	Convites para os jantares. Arquivos Históricos CMU–Unicamp).
Figura 59 –	*Menu* do Restaurant Garnier e Gagé. 01 de juin de 1902. Coleção Dr. Tomaz Alves, Arquivos Históricos CMU–Unicamp. *Menu*. sem data. Coleção Dr. Tomaz Alves, Arquivos Históricos CMU–Unicamp.
Figura 60 –	Solar da fazenda Santa Genebra, residência da família do Barão Geraldo de Rezende. Séc. xix. Coleção Mis–Campinas.
Figura 61 –	Cadernos de receitas de D.Custódia Leopoldina de Oliveira. 1863. Fotografia de Fernando Antonio Abrahão, agosto de 2007. Arquivos Históricos CMU–Unicamp

Figura 62 – Mesa com tampo de mármore. Séc. XIX. Fotografia de Eliane Morelli Abrahão, novembro de 2006. Acervo Museu Republicano "Convenção de Itu".

Figura 63 – Baú. Séc. XIX. Fotografia de Eliane Morelli Abrahão, janeiro de 2007. Acervo Concília de Petta.
Detalhes da parte interna do Baú. Séc. XIX. Fotografia de Eliane Morelli Abrahão, janeiro de 2007. Acervo Concília de Petta.

Figura 64 – Cortejo fúnebre do compositor Carlos Gomes, pela rua Direita, atual Barão de Jaguara, no ano de 1896. Coleção BMC, Mis-Campinas.

Abreviaturas e Siglas

Coleção AP – Austero Penteado

CCLA – Centro de Ciências, Letras e Artes – Campinas

BMC – Biblioteca Municipal de Campinas

CMC – Câmara Municipal de Campinas

CMU – Centro de Memória da Unicamp

Cx. – Caixa

Fls. – folhas

MIS-Campinas – Museu da Imagem e do Som de Campinas

Coleção MLSPM – Maria Luiza Silveira Pinto de Moura

Proc. – Processo

TJC – Tribunal de Justiça de Campinas

Agradecimentos

Trilhar este caminho de pesquisa e estudos que resultaram no meu mestrado – e agora nesta publicação – foi possível graças ao incentivo e apoio de inúmeras pessoas, quer sejam dos familiares, dos amigos ou dos profissionais das instituições visitadas, os quais agradeço aqui.

Meus familiares foram meu porto seguro durante todo este processo. Agradeço o carinho e os ensinamentos de minha mãe, Josephina, às minhas irmãs Elisabete e Ebe e meu irmão Antonio Alberto, pelos diálogos e rememorações de nossos antepassados italianos que aqui aportaram em busca de um futuro próspero. O "filosofar" tornou-se prazeroso no convívio com Ricardo e Camilla. O entusiasmo dos jovens filósofos contagiou-me, quer nos almoços de domingo ou em nossos passeios culturais pelas cidades de São Paulo e de Campinas. À minha sogra Concilia e ao meu sogro Tarcísio, obrigada pela confiança e pelo compartilhar das suas memórias de família. A todos os meus sobrinhos, sobrinhas, cunhados e cunhadas e, em especial, a Ana Lúcia por seu carinho, apoio e amizade.

Agradeço ao professor Hector Hernán Bruit Cabrera, cuja orientação começou quando passei a integrar o grupo de estudos sobre História da Alimentação em São Paulo no século xix, ligado ao Centro de Memória – Unicamp e, posteriormente, no curso de mestrado, pela confiança, por sua disposição em discutir a temática e os resultados de nossa pesquisa, esclarecendo minhas dúvidas e mostrando-me caminhos para solucioná-las. Infelizmente, o professor não pode ver o resultado de seus últimos trabalhos.

Encontrar as palavras que reflitam a importância do professor José Alves Freitas Neto para a conclusão deste trabalho são difíceis. Tornou-se um amigo e acolheu-me como sua orientanda quando perdemos nosso mestre. Presidiu minha banca de qualificação e sua participação foi fundamental para a finalização de minha dissertação, sugerindo ajustes nos capítulos e apontando as correções necessárias ao seu aprimoramento. Graças à sua disposição é que pudemos viabilizar esta publicação, que conta com o apoio da Fapesp.

Com Paulo Renato da Silva e Vinícius Beire, meus colegas de curso, a troca de experiências individuais de pesquisa foi enriquecedora. Eu e Paulo compartilhamos momentos divertidos nos intervalos de aula ou nas pausas para os cafés; uma grande amizade se consolidou.

Agradeço a professora Itala Maria Loffredo D'Ottaviano e o professor Edson Françozo pelo incentivo e por autorizarem meu licenciamento junto à Universidade e pelo incentivo. A toda equipe dos Arquivos Históricos em História da Ciência, em especial a Enoch Silva Barbosa, e da Biblioteca Michel Debrun. Destaque deve ser feito a Marcos Antonio Munhoz e a Wilson Roberto da Silva, os quais agradeço pelo apoio institucional e pela amizade com que sempre me atenderam.

A riqueza do acervo sob a guarda da Área de Arquivos Históricos do Centro de Memória – Unicamp, não seria suficiente se não fossem os funcionários que ali atuam e o quanto eles estão aptos a auxiliar no desvendamento de novos caminhos. A todos agradeço a atenção e a presteza com que me atenderam durante meses, sem deixar de nominar Eliana Corrêa pelo empenho em localizar novos inventários importantes para meu trabalho. Meus agradecimentos são extensivos às funcionárias da Biblioteca do CMU.

Ao professor Carlos de Almeida Prado Bacellar, agradeço por autorizar-me a fotografar objetos e mobiliário do acervo do Museu Republicano Convenção de Itu. E quero destacar o nome de Ana Maria Matos de Sá, funcionária do Museu da Imagem e do Som de Campinas, pela receptividade e presteza em localizar e disponibilizar as fotografias que compõem o rico acervo desta instituição.

Às professoras Eliane Moura da Silva e Leila Mezan Algranti, que na qualificação apontaram desvios e sugeriram caminhos a serem percorridos, e ao professor Carlos Roberto Antunes, que aceitou prontamente participar de minha banca de mestrado. Durante a defesa, a arguição do professor Antunes e da professora Leila foram enriquecedoras.

Agradeço ao doutor Heitor José Rizzardo Ulson, por abrir as portas da Fazenda Santa Maria para minhas investigações e por seus depoimentos sobre a história dos Vilella. A Ana Maria Nogueira de Camargo, Luiz Nogueira de Camargo e Maria de Lurdes Badaró, por contarem-me um pouco da trajetória de suas famílias pela Campinas do século XIX e início do XX.

A Alameda Casa Editorial, obrigada pela oportunidade de publicar os resultados de minha pesquisa; e a Fapesp, pela concessão do auxílio financeiro que concretizou este trabalho.

Nada disso seria possível sem Fernando Antonio Abrahão, meu querido companheiro, que nesses muitos anos me proporcionou muitas alegrias. Agradeço a sua participação enquanto historiador, encorajando-me e discutindo aspectos pertinentes ao meu tema. E, também, pelo seu carinho e paciência, ao compartilhar minhas angústias e alegrias, mas acima de tudo ao apoiar-me incondicionalmente.

Esta obra foi impressa em Santa Catarina pela Nova Letra Gráfica & Editora no inverno de 2010. No texto foi utilizada a fonte Minion, em corpo 10,5 e entrelinha 15,5 pontos.